KB275222

나답게 살기 위한 맹자의 가르침

맹자에게 배우는 삶의 태도와 리더의 품격

나 답게 살기 위한 **맹자의 가르침**

2026년 01월 23일 초판 1쇄 인쇄
2026년 01월 29일 초판 1쇄 발행

지은이 **|** 장석만
펴낸이 **|** 구본건
펴낸곳 **|** 비바체
주 소 **|** 서울시 강서구 등촌동39길 23-10 202호
전 화 **|** 070-7868-7849
팩 스 **|** 0504-424-7849
이메일 **|** vivacebook@naver.com
등록번호 **|** 제2021000124호
ISBN 979-11-93221-49-5 (03190)

나답게 살기 위한 맹자의 가르침

맹자에게 배우는 삶의 태도와 리더의 품격

장석만 지음

VIVA체

머리말

이 책은 예로부터 널리 알려졌고 현재도 생명력을 가진 맹자 명언을 선별해서, 그 내용의 진수를 알고 심층적인 의미를 깨닫게 하는 구성을 취하였다. 또 명언 내용에 알맞은 고금중외古今中外의 역사 사례, 인물 행위 등을 소개해 명언의 의미를 보다 깊이 있게 이해하고 이를 토대로 세상을 바로보는 지혜의 안목을 갖추게 하는 데 중점을 두었다.

맹자(孟子, 기원전 372－기원전 289)는 전국 시대 사람으로 중국이 낳은 세계적인 사상가이다. 그는 지성至聖 공자의 유가儒家 학설을 계승 발전시킨 유가의 대표 주자로 2대 계승자라는 의미에서 '아성亞聖'이라고 불린다.

중국의 현대 철학자 노사광勞思光은 맹자를 이렇게 평가했다.

"공자는 유학儒學을 탄생시켰고 맹자는 유학 이론의 기초를 확립했다. 중국 문화의 정신적 핵심인 유학의 근간을 이루는 가장 중요한 요소가 맹자 사상이다."

맹자는 공자의 '인仁' 사상을 계승하여 각 제후국의 통치자들에게 백성을 사랑하고 '인정仁政' 베풀 것을 강조했다. 인정에는 경제, 정치, 교육을 비롯하여 천하 통일의 방법까지 모두 포함했다. 전 부분의 공통된 기초는 '민본民本' 사상이다.

『맹자』는 이미 2천 년이 넘는 시간이 흘렀지만 여전히 오늘날까지 수많은 독자들이 애독하고 있다. 그래서 이 책에서는 그 안에 담긴 위대하고 심오한 지혜를 독자들에게 전달해 미래를 설계하는 데 큰 도움을 주려 한다. 지도자의 덕목과 다스림의 철학을 아는 리더십 원형이 되는 맹자의 민본주의 철학은 수천 년이 흐른 지금에도 통치 이념의 밑바탕이 되어준다. 맹자의 철학은 백성을 위해 봉사하는 지도자의 덕목을 낱낱이 보여주며, 요즘처럼 인덕의 정치 현실에 대한 갈망이 절실할 때 목마름을 해소해 준다.

차례

머리말 · 4

제1장 자주적 인격

자주적 인격 · 12
판단력의 지혜 · 14
자신의 도덕 수양법 · 17
자아 질책 · 21
멋진 대장부 · 24
자기 관리 · 27
처신의 지혜 · 30
지도자의 마음가짐 · 33
트인 마음 기르기 · 36
목표를 향해 높이 날아올라야 한다 · 38
책임감 · 41
덕으로 자신을 세워야 한다 · 44

신용은 목숨이다 · 47

겸손의 가치 · 50

높이 서서 세계를 주시하라 · 53

뜻이 있는 곳에 기적이 일어난다 · 56

혁신만이 생존이 가능하다 · 59

창조만이 기적을 만든다 · 62

준비가 없으면 기회도 없다 · 65

칭찬은 사람을 분발시킨다 · 68

뜻이 있으면 무엇이든 해 낸다 · 71

제2장 이룸의 위대함

대장부의 역량 · 76

군자의 기개 · 81

멸망을 자초 · 83

주사와 가까우면 붉어진다 · 86

생명을 바쳐 인을 온전히 이룬다 · 90

정신적 경지를 제고한다 · 95

임금이 바르면 나라가 안정된다 · 98

목적을 이루는 방법 · 101

마음의 중심을 세운다 · 104

삶의 자세 · 107

조장과 변통 · 110

천리안 · 113

십인십색 · 116

학습은 평생작업 · 118

우유부단하면 기회를 놓친다 · 120

현대인의 병폐 · 123

일폭십한 · 126

제3장 다스림의 즐거움

자포자기 · 130

정의의 용기 · 132

약자가 살아남는 길 · 134

의리로 이익을 다스리다 · 137

인정과 폭정 · 142

여민동락 · 146

외톨이 사내 · 149

불굴의 의지 · 153

마음속이 즐거워 진실로 복종하다 · 156

인화 단결 · 161

물이 나올 때까지 우물을 판다 · 163

문제의 답을 음미하다 · 166

기회는 모험 속에 있다 · 169

예지로 틈새를 발견한다 · 172

시장이 반찬 · 175

제4장 없음의 쓰임

같은 사람이지만 목표의식은 다르다 · 180

융통성에도 위험성이 있다 · 184

세상에서 외로운 사람 · 188

본심을 기르려면 · 191

도의 얻음과 잃음 · 194

교화는 미덕이다 · 199

우환 속에서 살아남기 · 203

군자의 세 가지 즐거움 · 207

임금은 가벼운 존재이다 · 210

우연을 만들어 낼 수 있는 역발상 · 213

제5장 창조자의 발상

군주가 명석하면 신하가 올곧다 · 218

인재는 기미를 보고 행동한다 · 223

노예를 임용해 국정에 참여시키다 · 226

끈질긴 공동 목표의식 · 231

소통을 위한 경청 · 235

어진 사랑 · 239

덕을 벗 삼다 · 241

인덕의 정치 원칙 · 244

도덕을 훔친 도둑 · 248

머리로 일하는 사람 · 252

자주적 인격

다른 사람을 아는 것은 지혜로운 것이고
스스로를 아는 것은 현명한 것이다.
남을 이기는 것은 힘이 있는 것이고
자기를 이기는 것은 진실로 강함이다.

― 노자

자주적인 인격

맹자는 자신의 주장을 펼치고 이를 실행에 옮기기 위해 제후들을 찾아다니며 유세를 펼쳤다. 하지만 때론 제후의 초빙을 받고도 가지 않은 경우도 많았다. 한번은 제자인 진대陳代가 맹자의 그런 행동을 이해하지 못하고 이렇게 말했다.

"제후를 만나지 않겠다는 것은 사소한 고집 같습니다. 지금 만나시면 선생님의 주장을 펼칠 수도 있습니다. 크게는 왕도王道를 이룰 수 있고 적게는 패도覇道를 이룰 수 있습니다. 옛 글에 '한 자를 굽혀 한 길을 편다.'고 하였으니 해 볼 만하다고 생각됩니다."

진대는 사소한 것에 목숨 걸지 말고 큰 이익을 얻는 데 좀 더 나서

보라는 의미에서 하는 말이었다.

진대의 말을 듣고 맹자가 말했다.

"한 자를 굽혀서 열 자를 편다는 것은 사욕私慾을 좇아서 말한 것이다. 만약 사리私利가 욕을 좇을 뿐이면 열 자를 굽혀서 한 자를 편대도 작은 이익이 되지 않을까?"

맹자는 사리사욕 때문에 절개를 버려서 안 된다는 사실을 강조한 것이다. 이는 자신이 정직하지 못하면 결코 남을 정직하게 만들 수 없음을 말한다.

지혜의 창

군자가 제후를 찾는 것은 자신의 주장과 포부를 실현하려는 것이지 부귀영화를 추구하려는 것이 아니다. 뜻이 있는 사람이 지닌 절개와 인격의 존엄은 위정자가 지닌 부귀권세보다 높다.

맹자는 의리와 절개를 굳게 지키며 독립적이고 자주적인 인격을 갖추라고 강조했다. 고상한 절개와 인격의 존엄성을 지니고 자신을 낮출 때 모든 사람들의 존경을 받을 수 있다고 했다. 중국 역사에서 뜻을 높여 세상을 이롭게 했던 수많은 이들이 인격을 지키고 권세가를 두려워하지 않았던 사실도 바로 맹자의 사상을 실천했던 결과라고 본다.

판단력의 지혜

어리석은 사람 앞에서 꿈 이야기를 하다.

치 인 설 몽
痴人說夢.

『맹자 (공손추)』

맹자의 '치인설몽'痴人說夢이란 어리석은 사람은 남의 말을 곧이곧대로 듣는다. 그래서 꿈조차 사실로 여기고 잘못된 소문을 퍼뜨리므로 조심해야 한다는 말이다. '치인설몽'의 실제 뜻은 "어리석은 사람 앞에서 꿈 이야기를 하지 말라."는 내용을 담고 있다. 입에서 나온 말은 상대가 바로 듣는다. 그러므로 말을 잘못하여 말하는 사람이 의도하지 않았던 결과를 몰고 올 수도 있다.

당나라 고종 때 장강과 회수 일대를 돌면서 활동하던 성씨와 이름을 알 수 없는 외국인 승려가 중국으로 들어 왔다. 주변 사람들의 말에 따르면, 그는 학식이 높고 깊으며 마음이 넓은 이름이 난 고승이었다. 호기심 많은 어떤 사람이 그 승려를 찾아가서 물었다.

"성씨가 어떻게 되십니까?(何姓)"

"성은 하가입니다(姓何)"

"어떤 나라에서 오셨습니까?(何國)"

"어떤 나라에서 왔습니다(何國)"

승려는 묻는 사람의 말을 그대로 반복했을 뿐이다. 어쩌면 물어보는 사람의 질문에 진실함이 담겨 있지 않아서 말장난을 한 것인지도 모른다. 아니면 그것이 무엇 때문에 중요하냐는 반문의 뜻일 수도 있다. 그러나 판단력이 부족한 이 질문자는 그 말을 자기 나름대로 해석하여 사람들에게 떠들고 다녔다.

강남에서 활동하는 훌륭한 외국 고승은 성이 하씨이고, 하국에서 왔다고 하는 말이 계속 다른 사람의 입을 통해 전달되면서 사실로 되어 버렸다.

지혜의 창 ─────────────────────

사람의 말은 어떤 정보를 담고 있지만 그것이 항상 올바른 정보는 아니다. 정확하고 유용한 정보인지, 믿을 만한 정보인지를 판단하는 능력이 없으면 거짓 정보에 넘어가 낭패를 당할 수도 있다.

『대학大學』에서는 사람의 판단력을 흐리는 다섯 가지 경우를 말했다.

분노하고 화난 마음은 바른 판단을 할 수 없다.

두렵고 떨리는 마음은 바른 판단을 할 수 없다.

너무 좋아하는 마음은 바른 판단을 할 수 없다.

근심 걱정하는 마음은 바른 판단을 할 수 없다.

마음이 평정을 잃으면 바른 판단을 할 수 없다.

이런 상태에서는 정보의 사실과 거짓을 면밀하게 분석할 수 없다. 그러므로 중요한 결정의 기초 정보들을 평정한 마음으로 올바르게 판단하는 습관을 가지면 좋다.

자신의 도덕 수양법

228년, 중국 삼국 시대 촉한의 정치가이자 군사 전술가인 제갈량이 기산에 영채를 세우자, 위나라의 조예는 장합을 선봉으로 내세우고 사마의와 함께 20만 대군을 이끌고 이에 맞섰다. 그리하여 제갈량은 장수들에게 서둘러 진을 치게 했다. 이때 참군 마속이 가정(길목)을 지키겠다고 자청했다. 제갈량은 군령을 내려 대장 왕평과 마속에게 정예병 25,000명을 거느려서 가정으로 보냈다.

가정에 도착한 마속과 왕평은 지형을 살펴보았다. 왕평이 길목에다 영채를 세우고 보를 쌓아야 한다고 주장하자 마속은 격렬히 반대했다. 왕평이 아무리 마속을 말려도 소용없었다. 그리하여 왕평은 군사 5천 명을 거느리고 산 아래에 진을 쳤고 마속은 군사를 이끌고 산 위로 올라가 진을 쳤다. 마속은 제갈량의 지시를 어기고 가정의 요도에 영채를 세우지도 않았고 보루도 쌓지 않았다.

이윽고 위나라 사마의는 군사를 이끌고 산을 포위하여 공격을 개시하였다. 마속이 산 위에서 내려다보니 주위는 온통 위나라 군사들뿐이었다. 촉의 군사들은 간담이 서늘해졌다. 마속이 공격 명령을 내렸지만 군사들은 감히 나서지 못했다. 이 틈을 이용하여 사마의는 산에 불을 질렀다. 마속은 당황하여 진지를 버리고 산을 내려왔다. 위나라 군사는 이 틈을 노려 대대적인 공격을 퍼부어 촉나라 군사를 거의 섬멸했다. 가정을 빼앗기자 위협을 느낀 제갈량은 군사를 한중으로 물러나게 했다.

마속은 큰 죄를 저질렀음을 깨닫고 제갈량의 막사에 들어가 무릎을 꿇었다. 제갈량은 차가운 얼굴로 말했다.

"가정은 우리가 승패를 결정짓는 관건이 되는 곳이라고 그토록 말하지 않았더냐? 이제 왕평의 권고를 따르지 않아 군사를 잃었으니 모두 너의 잘못이다. 군법에 따라 처벌하지 않으면 앞으로 어떻게 군사를 통솔할 수 있겠느냐?"

제갈량은 말을 마치자 도누부에게 명령을 내려 마속의 목을 치게 했다. 이 소식을 듣자 참군 장왕이 달려와 마속을 살려주기를 간청했지만 제갈량은 눈물을 흘리며 말했다.

"예전에 손무가 천하를 제패한 것은 국법이 엄격했기 때문이오. 지금은 세상이 어지러워 전쟁이 끊이지 않고 있소. 만약 내가 국법을 어지럽힌다면 어떻게 적을 이길 수 있겠소?"

제갈량은 평소 마속을 친아들처럼 대해 주었고 그의 재주를 아껴왔지만 결국 마속의 목을 쳐서 군법을 엄격히 세웠다. 그리고 마속을 안장한 뒤 촉의 후주에게 글을 올려 자신이 사람을 잘못 기용해 북벌에 실패한 죄를 달게 받겠다며, 자신의 계급을 세 등급 단계를 낮추어 줄 것을 간곡히 요청했다.

제갈량이 마속의 과오를 자신의 책임으로 돌린 일은 후세에 아름다운 이야기로 전해지고, 제갈량이 눈물을 흘리며 마속의 목을 친 일을 가리켜 '읍참마속泣斬馬謖'이란 고사로 전한다.

지혜의 창

맹자는 도덕을 수양할 때 윗사람이 행하면 아랫사람도 본받는다고 했다. 윗사람의 행동을 아랫사람이 따르게 되므로 자신을 반성하고 남에게 너그러울 것을 강조했다.

"남을 사랑해 주는데도 그가 친해 오지 않거든 자신의 인仁을 반성해 볼 것이며 남을 다스리는데도 다스려지지 않으면 자신의 지智를 반성해 볼 일이다. 남에게 예를 베풀었는데도 응답이 없으면 자신의 경敬을 반성해 볼 것이다."

맹자의 이런 수양법은 사람의 능동성을 강조하여 자신을 엄격히 단속하고 위에서 내린 명령을 어기지 않고 충실히 행하는 미덕의 실천을 구현하였다.

자아 질책

사람은 부끄러워하는 마음을 가져야 한다.
부끄러워하는 마음이 없음을 부끄럽게 여긴다면
부끄러워할 만 한 일이 없을 것이다.

인 불 가 이 무 치 , 무 치 지 치 , 무 치 의
人不可以無恥, 無恥之恥, 無恥矣.

『맹자 (진심상)』

제나라에 사는 한 사내가 외출했다 집으로 돌아올 때면 항상 입에서 술 냄새를 풍겼다. 아내가 남편에게 누구와 마셨는지 물으면 늘 허풍을 떨었다.

"나와 술 마시는 사람들은 모두 돈 있고 권세 있고 지위가 높은 사람들이네."

하루는 아내가 첩에게 말했다.

"남편은 항상 돈 있고 권세 있는 사람들과 술 마셨다고 하네. 하지만 이제껏 그런 사람들이 우리 집에 찾아오는 것을 본 적이 없어. 이상하지 않은가? 내가 이 양반이 어디를 가는지 몰래 따라가 보겠네.”

이튿날 아침, 아내는 집을 나서는 남편의 뒤를 밟았다. 남편은 성안을 여기저기 돌아다녔지만 그와 이야기를 나누는 사람은 아무도 없었다. 남편의 뒤를 쫓아보니 어느 샌가 성을 빠져 나와 있었다. 남편은 동쪽 언덕에 공동묘지 쪽으로 올라갔다. 남편은 주저함 없이 성묘를 온 사람들에게 다가가 남은 제사음식을 구걸했다.

남편은 구걸한 음식을 받아 우걱우걱 먹었다. 다시 여기저기를 두리번거리더니 다른 무덤으로 옮겨가 또다시 음식을 구걸하였다. 아내는 눈앞에 펼쳐지는 광경을 보고 그만 자리에 털썩 주저앉고 말았다. 이런 행동이 바로 남편이 날마다 술과 음식을 배불리 먹는 방법이었다. 아내는 억장이 무너졌다. 간신히 집으로 돌아온 아내는 첩에게 남편의 추잡한 행동을 전해 주었다. 그리고 눈물을 흘리며 이렇게 말했다.

“남편은 우리가 평생 우러르며 의지할 존재가 아닌가? 그런데 이처럼 염치를 모를 줄은 상상도 못했다네!”

아내와 첩은 마당 구석에서 소리 내어 엉엉 울었다. 이윽고 남편은 콧노래를 부르며 의기양양 대문을 들어서더니 성큼성큼 아내 곁으로 다가갔다. 남편은 오늘도 술 냄새를 풍기며 변함없이 허세를 부렸다.

　　맹자는 사람이 도덕적 관념과 심리적 정감을 지녔으므로 부끄러워하는 마음을 갖는 것은 도덕 수양에 있어서 매우 중요하다고 강조하였다.

부끄러워하는 마음은 자신의 도덕적 의식의 표출이며, 자신의 행위를 견책하고 또한 자아질책을 하면서 생겨난다. 부끄러워하는 마음은 자각하거나 혹은 주변의 질책에 따라 자기 행위의 그릇됨을 의식하여 생겨난다. 부끄러워하는 마음은 중요한 도덕적 감정 중 하나이다. 부끄러워하는 마음을 잃어버린다면 정직성을 상실한다.

멋진 대장부

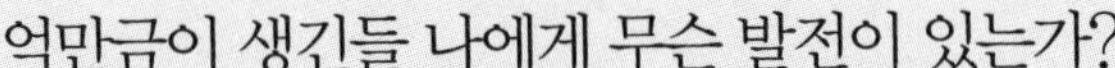

맹자는 말하였다.

"사람들은 억만금의 돈이라면 예의를 따지지 않고 받는다. 억만금을 받았다고 해서 나 자신이 어떻게 달라지는가? 집이나 잘 꾸미고 처첩을 고분고분하게 만들어 곤궁한 사람들에게 가진 것을 나눠 주어 덕을 칭송받기 위한 것인가? 전에는 죽을 처지라도 자신을 위해 받지 않았는데 이제 와서 집을 늘리기 위해 받는다. 전에는 진정한 나를 위해 죽음 앞에서도 받지 않았는데 이제는 처첩의 기뻐함 때문에 받는다. 전에는 참된 자아를 위해 죽어도 받지 않다가 이제는 가난한 사람을 돕는다고 받는다면 이것은 정말 어쩔 수 없는 일인가. 이것은 자기

본심을 잃었기 때문이다.”

맹자가 말하는 핵심은 상황에 따라 휩쓸리지 않고 자기 본심을 지켜 꿋꿋하게 실천하면 대장부가 될 수 있고, 여자도 이렇게 행동하면 대장부라고 할 수 있다는 것이다.

대장부는 남을 따라 하는 순종형 인간이 아니라 자기중심을 지키며 그것을 위해 자기를 버릴 수 있는 사람이다. 대장부는 다른 대장부를 존경한다. 사랑은 아낙네의 도이고, 존경은 대장부의 도라고도 맹자가 말했다. 사랑은 적을 포용하고 원수를 사랑하라고 가르치지만, 존경은 적과 싸우되 적의 장점을 인정하라고 가르친다.

사회생활은 치열한 경쟁의 현장이다. 상대를 이겨야만 자기가 살아남는 격렬한 싸움이다. 그러면서도 싸우는 상대를 존경하라 하는 것이 맹자의 대장부 철학이다. 자기도 대장부가 되고 상대도 대장부라면 멋진 승부를 할 수 있다. 이기고 지는 것에 관계없이 정당하게 경쟁하여 서로를 존경할 수 있다면 그것이 대장부의 세계이다.

지혜의 창 ____

인생이란 어느 시기에 매우 큰 뜻을 세우고 그 이상을 실현하기 위해 뜻을 세운다. 그러나 어느 날 높은 이상은 어디 간데 없고 평범한 인간, 그저 유능한 속물로 변해가는 자신을 발견한다.

맹자는 이러한 상태를 '본심을 잃어가는 것'이라고 보았다. 속물들은 좋은 집을 가지고 유능한 사람이라는 평판을 받으며 남들에게 부러움을 사는 것을 좋아하기 때문에 억만금이 자기에게 엄청난 변화를 주었다고 생각할지 모른다.

그러나 처음 뜻을 세웠던 진정한 나는 "억만금이 생긴들 나에게 무슨 발전이 있는가?" 하는 질문을 던질 줄 알아야 한다. 이러한 이상을 잊은 채 순간순간 상대의 눈치만 살피며 처세에만 능숙한 사람은 인생의 승부에서 실패자가 된다. 그는 대장부의 기본적인 본심을 잃고 있기 때문이다. 승패에 관계없이 존경받을 수 있는 대장부가 넘쳐날 때 멋진 대장부의 세계가 펼쳐진다.

자기 관리

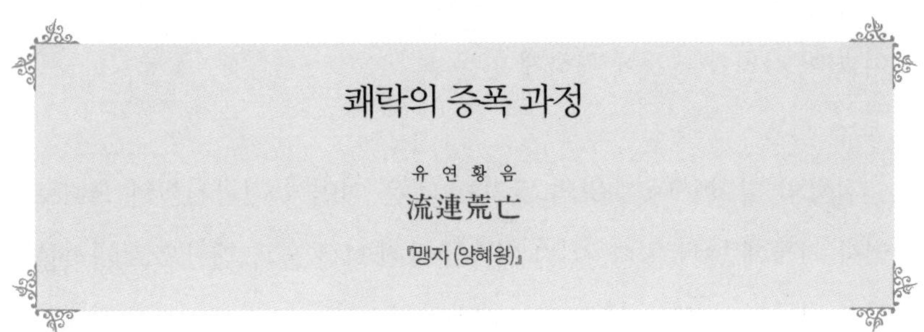

왕이 놀이에 빠져 나라를 망치는 사례를 '유연황망流連荒亡'이라고 맹자는 표현하였다.

"물길을 따라 내려가면서 뱃놀이에 빠져 돌아올 줄 모르는 것을 유流라고 한다.

물길을 거슬러 끝없이 올라가서 돌아올 줄을 모르는 것을 연連 이라고 한다.

사냥감을 좇아서 싫증 내지 않는 것을 황荒 이라고 한다.

술을 즐겨서 싫증 내지 않는 것을 망亡이라고 한다."

중국 역사에서 나라가 망할 조짐을 보일 때는 여자와 술을 좋아하는 왕들이 적잖이 등장한다. 왕을 홀려서 이성을 잃게 하는 아름다운 여자가 나타나 나라가 기울어지게 할 만큼 뛰어나다면 경국지색京國之色이 되어 나라를 곤경에 처하게 만든다.

걸왕의 말희末喜나 주왕의 달기妲己 같은 여인이 경국지색의 요녀로 역사 기록에 남아 있다. 이런 여자들에 빠져서 술과 쾌락으로 나라를 망친 하나라 마지막 걸왕桀王과 은나라 마지막 주왕紂王은 폭군의 대명사가 되었다.

주왕은 오로지 달기를 기쁘게 하려는 일념으로 나라 재산과 금은보화를 물 쓰듯이 하여 화려한 궁전을 지었다. 연못을 술로 가득 채우고 줄줄이 매달아 놓은 고기가 숲을 이룬 속에서 벌거숭이 남녀가 밤낮을 가리지 않고 즐겼다. 그리하여 역사에는 '주지육림酒池肉林(술, 못과 고기, 숲)'이란 말이 나왔다.

걸왕은 이웃 나라에서 조공으로 바쳐 온 말희에게 빠져 쾌락과 사치를 일삼았다. 보석과 상아로 궁전을 장식하고 옥 침대에 금실로 수놓은 이불을 썼다. 온 나라에서 3천 명의 소녀를 뽑아 무지개 옷으로 치장하여 향연을 베풀었다. 욕망은 끝이 없었다. 말희의 제안에 따라 궁전 뜰에 못을 파고 밑바닥에 흰 진주를 깔고 향기로운 술로 채웠다. 숲에는 고기를 매달아 놓고 왕은 3천 명의 소녀가 춤추는 가운데 술 연못에서 뱃놀이를 하며 말희와 즐겼다.

　　맹자는 '유연황망'이란 표현을 써서 나라를 망하게 하는 쾌락의 증폭 과정을 그려놓고, "훌륭한 왕들은 유연流連의 쾌락과 황망荒亡의 행동이 없었다."고 하였다.

절대 권력을 가진 왕이라면 주왕이나 걸왕처럼 쾌락을 위한 온갖 조건을 만들어 낼 수 있다. 그러나 자기 관리 능력이 뛰어난 왕만이 나라를 지킬 수 있었기 때문에 그들은 '유연황망'을 버리고 어려운 길을 선택할 것이다.

유혹과 쾌락의 기회가 많은 세상일수록 철저한 자기 관리와 욕구의 절제가 필요하다.

처신의 지혜

맹자는 공자의 위대한 점을 때와 장소에 맞춰서 가장 적절하게 대처한 점을 꼽았다. 맹자는 이것을 '시중'이라고 했다.

맹자는 선비가 군주를 섬기는 진퇴進退의 원칙을 세 가지로 말했다.

진자(맹자의 제자)가 물었다.

"옛 군자들은 어떠한 경우에 벼슬자리에 나갔습니까?"

맹자가 대답하였다.

"자리에 나가는 경우가 세 가지이고 자리에서 물러나는 경우도 세 가지였다.

첫 번째, 군주가 정성을 다하여 예법으로 대우하고 자기의 정책 제안을 시행하겠다고 약속하면 나아간다. 이 경우에는 예우가 여전하더라도 정책 제안을 받아들이지 않으면 떠난다.

두 번째, 비록 정책 제안은 실행하지 않지만 예우가 극진한 경우에 나아가는 데 예우가 시들어지면 떠난다.

세 번째, 가난하여 아침저녁을 먹지 못하고 굶주려 외출할 수 없을 때 군주가 이 소식을 듣고 '내가 그분의 도를 실행할 수도 없고 정책 제안도 따를 수 없지만 내 땅에서 굶어 죽게 버려둔다면 그것은 나의 수치다.' 하면서 돌봐준다면 받을 수 있으나 죽음을 면할 만큼이다."

맹자는 계속해서 이렇게 말했다.

"공자가 제나라를 떠날 때는 밥 지으려고 씻어 놓은 쌀에 물기가 다 없어지기도 전에 떠났다. 노나라를 떠날 때는 '내 발걸음이 왜 이리 더디냐?' 하셨다. 노나라는 자기의 조국이었기 때문이다. 서둘러야 할 때에 서두르고 느긋해야 할 때에 느긋하고 물러나야 할 때에 물러나고 벼슬할 만할 때에 벼슬살이 했던 분이 공자다."

맹자는 공자가 때와 장소에 맞춰서 가장 적절하게 대처했음을 높이 평가하였다.

　　자기의 몸을 어디에 두고 어떤 상황에 참여하느냐 빠지느냐 하는 진퇴와 처신의 문제는 사태의 발전 과정에서 중요한 고비들이다. 긴 시간을 두고 자기의 처신과 선택을 돌이켜보아 일관성 있고 칭찬할 만한 선택들이었다면 훌륭한 지도자의 자격을 갖추었다고 볼 수 있다. 이런 정도 수준에 이르려면 자기 성찰과 일관된 철학이 있어야 한다.

지도자의 마음가짐

'낙이천하 우이천하'라는 말은 "백성과 함께 즐기라."는 여민동락與民同樂 사상을 다르게 표현한 말로 윗사람에게 전하는 간절한 충고이다.

하루는 제나라 선왕이 설궁에서 맹자를 만나 말을 꺼냈다.

"현자들도 이러한 즐거움을 누립니까?"

"그렇습니다. 그러나 사람들은 자기가 누리지 못하면 윗사람을 비난합니다. 자기가 그런 즐거움을 누리지 못한다고 윗사람을 비난하는 것은 잘못이지만, 많은 사람의 지도자가 되어서 아랫사람들과 함께 즐기지 않는 것도 잘못입니다. 아랫사람이 즐거워하는 것을 즐기면 아랫사람도 윗사람이 즐기는 것을 즐거워합니다. 아랫사람의 근심을 같이 걱정하면 아랫사람도 윗사람의 근심을 걱정해 줍니다. 천하가 다 함께 즐기고 천하가 다 함께 걱정하는 사회라면 그 지도자는 진정한 지도자가 됩니다.”

며칠이 지난 어느 날, 맹자는 제 선왕을 만나 이런 대화를 나누었다.

“왕께서 음악을 좋아하신다고 들었는데 사실입니까?”

왕은 얼굴이 붉어지며 부끄러운 듯 대답했다.

“사실 제가 좋아하는 음악은 유행가입니다.”

“왕께서 음악을 좋아하신다면 제나라는 잘 될 것입니다. 유행가는 고전 음악에서 나온 것입니다. 유행가를 좋아하는 게 부끄러울 것이 없지요. 그런데 혼자서 즐기는 음악과 여럿이 즐기는 음악 중 어느 것이 좋을까요?

“그야 여럿이 즐기는 게 좋겠지요.”

“그렇다면 많은 사람이 즐기는 것과 몇 사람이 즐기는 것은 어떨까요?”

“많은 사람이 즐기는 게 좋지요”

“그러면 음악을 가지고 얘기해 보지요. 왕께서 음악을 연주하는데 백성들이 소리를 듣고는 얼굴을 찡그리며 ‘우리 임금, 음악 좋아하지. 우리는 이 지경으로 사는 데 말이야.’하고 말합니다. 또 왕께서 사냥을 나가는데 백성들이 그 위용을 바라보며 머리를 흔들고 얼굴을 찡

그리며 '우리 임금, 사냥 되게 좋아하지. 우리는 이 지경으로 사는 데 말이야.'하고 말할 수 있습니다. 또 반대로 왕께서 음악을 연주하면 백성들이 그 소리를 듣고 좋아서 벙글대며 '우리 임금, 다행히 건강하신가 봐. 어쩌면 저리도 연주를 잘 하실까.' 합니다. 왕께서 사냥을 나가면 백성들이 그 모습을 보고 좋아서 벙글대며 '우리 임금, 다행히 건강하신가 봐. 어쩌면 저리도 사냥을 잘하실까.' 할 수 있습니다. 이를 보면 다른 데서 차이를 찾을 것이 아닙니다. 왕께서 백성들과 함께 하시느냐 그러지 않느냐의 차이입니다."

지혜의 창 ────────────────────────

　　　지금 사회적 병폐라면 적지 않은 사람들이 공동의 이익을 생각하기보다 개인 이익만을 우선시하는 이기적 사고방식이 다른 사람의 삶을 피폐하게 만드는 일이다. 특히나 국가나 사회 지도층의 훌륭한 리더들은 자기의 아랫사람들을 먼저 생각할 뿐 아니라 국가나 인류의 이익을 크게 생각해야 한다.

트인 마음 기르기

공손추가 맹자에게 물었다.

"선생님께서는 어디에 특히 뛰어나십니까?"

맹자가 대답했다.

"나는 말을 알고 호연지기를 잘 기른다."

"호연지기가 무엇입니까?"

"설명하기 어렵다. 호연지기는 지극히 크고 굳세다. 똑바로 길러서 손상을 받지 않는다면 천지 사이에 꼭 차게 된다. 호연지기라는 것은 정의와 도리가 함께하니 만약 그렇지 못하다면 쇠퇴하고 만다. 정의

가 쌓여 자연스럽게 발생하는 것이지 억지로 외적인 정의를 취해 얻어지는 것이 아니다. 행동할 때 마음에 꺼리는 바가 있으면 호연지기는 즉시 쇠퇴하고 만다."

지혜의 창 

　　호연지기浩然之氣란 사소한 일에도 흔들리지 않는 크고 굳건하며 사물에서 해방된 자유로운 마음을 말한다,

우리가 아무리 원대한 이상을 품고 밝은 미래를 향하여 나아가려 하더라도 호연지기를 갖추지 않는다면 작은 일에도 쉽게 좌절한다. 호연지기를 갖출 때 보다 너그러워 질 수 있고 보다 넓게 세상을 바라보게 된다. 조급한 마음을 버리고 여유 있게 차근차근 자신의 미래를 개척해 나가는 힘을 얻을 수 있다.

따라서 호연지기를 갖추려면 마음을 넓게 갖고, 작은 일에 연연하지 말고 조급함을 버려야 한다. 봄에 씨 뿌리고 여름에 김 매고 가을에 추수하는 농부의 여유로움이 필요하다.

목표를 향해 높이 날아올라야 한다

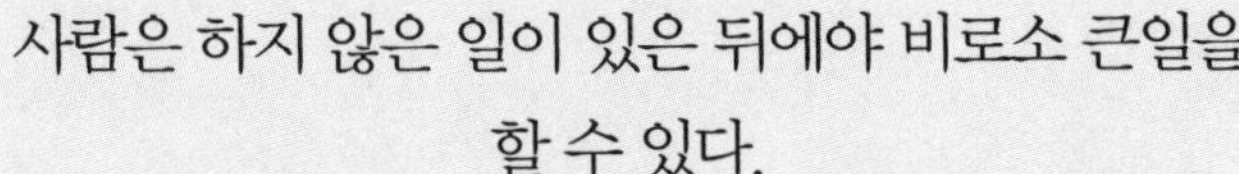

사람은 하지 않은 일이 있은 뒤에야 비로소 큰일을
할 수 있다.

인 유 불 위 야 , 이 후 가 이 유 위
人有不爲也, 而後可以有爲.

『맹자 (이루)』

일본의 츠츠미 요시아키는 어렸을 때는 순하고 조용하여 사람들의 눈에 잘 띄지 않는 아이였다. 그러다가 대학에 들어가면서부터 커다란 변화가 일어났다. 대학생이 된 그는 확고한 주장과 강인한 정신력을 바탕으로 웅대한 포부를 품기 시작했다. 그는 대학 동기들과 와세다 대학 관광학회를 만들었으며 와세다 대학생들이 세이부 그룹에서 인턴 활동을 할 수 있게 연결하는 등 남다른 기획력과 행동력을 보여주었다. 이런 과정을 거치며 그는 동기들로부터 '보스'로 인정받기 시작했다.

그가 바뀔 수 있었던 이유는 무엇일까? 이것은 아버지인 츠츠미 고지로 때문이었다.

어느 날, 츠츠미 고지로는 아들을 서재로 불러 엄숙하게 말했다.

"내가 죽더라도 반드시 네 방식대로 일을 처리해야만 이 회사를 지켜나갈 수 있다. 멀리 내다볼 줄 알아야 한다. 그런 후에 확실한 목표를 세우고 매진해야 좋은 결과를 얻어낸다."

츠츠미 요시아키는 아버지의 가르침을 성실히 이행하였다. 그가 아버지의 사업을 물려받은 다음 비약적인 발전을 거듭하면서 일본 제철, 중공업 등과 함께 일본 최대 기업 세이부 그룹을 일궈낼 수 있었다. 세이부 그룹은 총 170개 계열사에 그 직원 수만도 10만 명이 넘었다. 일본은 물론 해외에서도 널리 알려진 세계적인 대형 '세이부 왕국'을 탄생시켰다.

츠츠미 요시아키는 겉보기에는 조용하고 점잖았지만 그의 두뇌와 정신은 잠시도 쉬지 않고 바쁘게 움직였다. 그는 먼저 정보를 수집하여 신중하게 분석함으로써 미래 경영 방향에 대한 명확하고 과감한 결정을 내리곤 하였다.

그가 안정적이고 지속적인 발전을 거듭하게 된 것은 "멀리 내다볼 줄 알아야 하고 확실한 목표를 세우고 매진해야 좋은 결과를 얻을 수 있다."는 아버지의 가르침을 성실히 이행했기 때문이라고 늘 말하곤 하였다.

　　맹자가 말한 불위不爲란 무위無爲 즉, 아무것도 하지 않는 것이 아니라 침착하게 때를 기다려 성과를 올리는 것을 의미한다. 고요한 수면 아래에서 결정적인 한 방을 터트릴 수 있는 폭발적인 에너지를 모으는 것이다.

맹자는 학습이든 사업이든 간에 우선 무엇을 하고 어떻게 해야하는지를 알아야 한다고 강조하였다. 먼저 침착하고 냉정하게 분석한 뒤 명확한 목표를 정하고 높이 날아올라야 결과를 얻을 수 있다는 것이다.

책임감

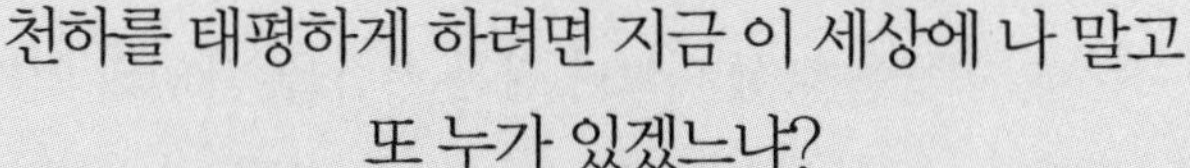

맹자는 우리에게 세상을 향한 책임감과 사명감을 가져야 한다고 강조하였다.

두견새가 구슬피 울어대는 것은 농사지을 시기를 놓쳐 곡식을 수확하지 못한 농민들의 고생을 염려하는 탄식이라고 전해진다. 또한 두견새가 쉴 새 없이 논밭 위를 빙빙 도는 것은 농민들의 게으름으로 들판이 황폐해지지 않을까 하는 염려 때문이라고 했다.

두견새는 백성들의 고통에 관심을 기울이고 풍년을 기원해 주는 익조로 전해진다. 이 작은 새는 비록 미물이기는 하나 쉴 새 없이 날아다니며 농민들을 논밭으로 이끌어내는 모양새를 보면 대견하기까지 하다.

책임감만큼 진실하고 귀중한 것은 없다. 책임감이 없는 사람을 중요한 사업에 기용하지는 않는다. 무책임한 사람에게 일상의 사소한 일을 맡겨도 주변 사람들은 불안해 한다. 책임감은 그 사람의 정신세계를 보여준다. 이들은 항상 나보다 다른 사람을, 개인의 이익보다는 전체와 사회의 이익을 먼저 생각한다.

책임 있는 지도자는 성실하고 진지하고 자신의 일을 충실히 이행하는 훌륭한 인간성과 직업윤리를 지니기 마련이다. 사람마다 하는 일이 다르고 능력 또한 다르고 그 성과도 다르다. 하지만 보통의 사람들이야말로 지도자로부터 큰 영향을 받기 때문에 리더로서의 책임이란 간과할 부분이 아니다.

지혜의 창

모든 일은 끊임없는 창조성, 지속적인 진취성, 강한 의지력을 바탕으로 존재하고 또 발전한다. 만약 지도자라면 항상 한결 같은 마음가짐을 지녀야 한다. 먼저 자기가 하는 일을 단순한 직업 혹은 밥벌이 수단으로서가 아닌 자기 사업 혹은 주어진 신성한 임무라고 생각해야 한다. 그래야 임무에 책임을 다하고 모든 사람들에 대한 책임을

진다. 그리고 무엇을 개혁하고자 할 때는 즉시 적절한 조치를 취해 올바른 방향으로 나가도록 인도해야 한다.

이렇게 더 좋은 방향으로 지속적인 발전을 거듭하면 개인은 물론 모든 집단 성원들이 함께 발전을 한다. 이것이 책임감 있는 사람들의 바람직한 마음가짐이다.

덕으로 자신을 세워야 한다

무력으로 다른 사람을 누를 수 있지만, 진심으로 복종하지 않는다. 단지 힘이 없어 포기했을 뿐이다. 도덕으로 다른 사람을 복종시키면 진심으로 기뻐하며 순종한다. 이것은 70명의 제자가 공자를 따른 것과 같다.

이 역 복 인 자 ,　비 심 복 야 ,　역 불 섬 야
以力服人者, 非心服也 ,力不贍也.

이 덕 복 인 자 ,　중 심 열 이 성 복 야 ,　여 칠 십 자 지 복 공 자 야
以德服人者, 中心悅而誠服也, 如七十子之服孔子也.

『맹자 (공손추)』

맹자는 사람들의 인품이 매우 중요한 요소임을 강조하였다. 이덕복인以德服人에서 '덕德'이란 인품과 도덕을 가리킨다. 우리는 흔히 존경하는 사람을 두고 "뛰어난 능력에 훌륭한 인품까지 갖췄다."고 말한다.

대인 관계에 있어서 모든 사람과 원만한 교류관계를 맺고 모두에게 환영받는 사람이 되고 싶다면 덕을 기본으로 삼아야 한다.

"붉은 것을 가까이하면 붉어지고 먹을 가까이하면 검어진다."는 격언이 있다. 대인 관계에서 맹목적인 교류 관계를 맺으면 상대방 영향을 온전히 받는다는 것이다.

현대 사회의 적지 않은 경제 범죄 사건은 절대 받아서는 안 될 돈을 받아 챙기고, 가깝다는 이유로 안 되는 일을 무조건 승인해 주는 부조리에서 출발한다. 특히 젊은이들은 친구와의 의리가 무엇보다 중요하다고 생각하며 스스로 친구에 대해 잘 알고 있다고 생각한다. 그래서 무조건 친구를 믿고 의지하며 만약의 경우를 위한 대비는 전혀 하지 않는다. 자신이 할 수 없어도 거절하기가 미안해서 일단 승낙하는 경우도 있다. 두 사람 모두에게 치명적인 독이 될 수밖에 없다.

덕으로 자신을 세우는 일은 인생 전반에 걸쳐 사람답게 행동할 수 있는 가장 기본적인 원칙이다. 도덕성에 문제가 있는 사람은 대중에게 버림받기 십상이다.

한 은행의 젊은 은행장은 은행 직원들의 사기 저하 원인을 이렇게 말했다.

"어디에서부터 문제가 생긴 건지 정말 모르겠습니다."

이렇게 말하며 한숨을 내쉬었다.

젊은 은행장은 전형적 엘리트이지만 처음엔 말단 사원으로 입사해 뛰어난 능력을 발휘하여 고속 승진해 지금의 위치에 올랐다. 하지만 은행 실적이 눈에 띄게 줄어들기 시작하자 이 모든 것이 부하 직원들의 불성실한 업무 탓이라고 여기며 불평했다.

"나는 갖은 노력으로 최선을 다했지만 직원들은 전혀 분발하지 않습니다."

그 은행 전체에 남을 믿지 못하는 불신 사태가 벌어진 것이다. 기혼인 은행장이 젊은 여직원과 불륜을 저지른다는 사실을 모든 직원이 알고 있었다. 결국 은행 실적이 저조해진 것은 사적인 쾌락에 빠져 과오를 빚어낸 은행장의 도덕성 결여에서 비롯된 결과임을 살피지 못했다.

지혜의 창

인품이란 누구에게나 가장 기본적인 덕목으로 중요하다. 인품은 여러 가지 원칙과 가치관의 결정체로 인생에 의미와 방향을 부여해 준다.

인품에는 상황을 명확히 이해할 수 있는 지혜가 바탕이 되어야 한다. 객관적인 법률이나 행동 수칙을 근거로 단순히 옳고 그름을 판단하는 것이 전부가 아니다.

인품에는 지혜, 정직, 성실, 용기, 공정, 정의 등이 모두 포함되며 중요한 결정을 해야 할 때 영향력을 발휘한다. 도덕을 중시하고 바르게 몸을 세워야 모두에게 환영받는 사람이 될 자격이 있다.

신용은 목숨이다

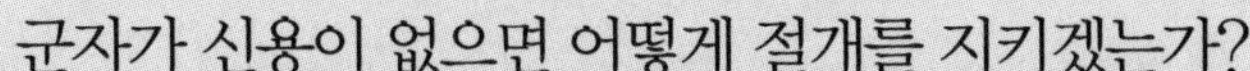

말하면 반드시 행동으로 옮겨야 하고 행동으로 옮기면 결과를 보일 때 신용의 힘이 나타난다.

홍콩의 재벌가 이가성李嘉誠은 성실과 신뢰를 목숨처럼 여겼다. 그는 언제나 진실한 마음으로 대하였다. 남에게 부당한 대우를 받는 것은 개의치 않았지만 자신이 남에게 부당한 행동을 하지 않도록 몸가짐을 신중히 했다.

창업 초기 이가성은 혈기왕성한 젊은이였다. 하루 빨리 성공하고 싶었던 그는 오직 눈에 보이는 이익을 좇느라 내실을 다지는 데는 전혀 신경을 쓰지 못했다. 얼마 지나지 않아 순풍에 돛단배처럼 질주하던 이가성의 장강플라스틱은 큰 위기에 봉착하였다.

어느 날, 한 고객이 제품을 들고 와 조악한 불량품이라며 환불을 요구했다. 이로 인해 덩달아 환불을 요구하는 고객들로 곤혹을 치렀고 잇따라 주문 대기 고객들까지 계약을 취소하며 손해배상까지 청구하였다. 그리하여 창고에는 품질 불량품으로 가득 찼다. 장강플라스틱이 위기에 처했다는 소식을 들은 거래 은행에서는 대출금 상환을 독촉했다. 직원 모두가 문제의 심각성을 인정했고 떨어진 사기로 작업 분위기가 흐트러졌다.

이런 심각한 위기 상황에서 이가성은 재기를 위하여 우선 잘못을 인정하고 사죄하였다. 전 직원을 상대로 솔직히 자신의 경영과실을 인정하고 이로 인해 직원들이 금전적인 손해를 보지 않도록 하겠다고 약속했다. 모두에게 뜻을 모아 위기를 극복하자고 결의를 다졌다. 거래 은행, 원자재 공급업체, 고객사를 일일이 찾아가 자신의 잘못을 사죄하고 기한을 조금만 더 연장해 주면 반드시 대출금과 배상금을 상환하겠다고 약속했다.

이 때부터 이가성은 즉시 창고의 재고품을 전면 조사하여 불량품은 폐기하고 양호한 제품을 선별한 다음 당장 필요한 자금을 회수하기 위해 양호한 제품 판매에 총력을 기울였다. 이렇게 마련한 응급 자금으로 발등에 떨어진 불을 끄고 한숨을 돌렸다.

이가성은 여기서 멈추지 않고 직원들을 대상으로 기술직급 훈련을

실시하고 첨단 설비를 마련하여 제품의 질을 높였다. 이가성이 백방
으로 노력하여 은행, 도매상, 고객사의 이해와 협조 아래 점차 위기에
서 벗어나 드디어 경영 이익을 기록하기 시작했다.

지혜의 창

　　어떤 사람들은 위기와 좌절 앞에 무릎을 꿇고 재기하지 못
하거나 혹은 완전히 삶을 포기하기도 한다. 하지만 어떤 사람은 위기
속에서 분발하여 더 높은 곳으로 도약하기 위한 발판으로 삼는다. 강
철이 뜨거운 불에 달궈지고 쇠망치로 두드려 맞을수록 더욱 강해지는
것처럼 이가성이 바로 그런 사람이다.

"신뢰는 인간성과 사업의 기본 요건이다. 아무리 어려운 상황이라도
절대 신뢰를 저버릴 수는 없다."

신뢰는 사람이 지닐 기본적인 태도이다. 말과 행동이 일치되어야 모든
사람으로부터 인정받고 존경받는 사람이 될 수 있다.

겸손의 가치

공도자가 "등경이 선생님 문하에 있을 때 극진히
예우했어야 했는데 그의 질문에 대답조차 해 주지
않으셨습니다. 무엇 때문입니까?"라고 물었다.
맹자가 답하길 "자신의 권세를 믿고 질문하거나 현명함을
믿고 질문하거나 어른임을 믿고 질문하거나 공로를 믿고
질문하거나 친분을 믿고 질문할 때 나는 대답하지 않는다.
등경은 이 중 두 가지를 가지고 있었다."고 했다.

공도자 왈 : 등경지재문야, 약재소예, 이부답하야
公都子 曰：“滕更之在門也, 若在所禮, 而不答何也?”

맹자 왈 : 협귀이문, 협현이문, 협장이문, 협유훈노이문
孟子 曰：“狹貴而問, 狹賢而問, 狹長而問, 狹有勳勞而問,

협고이문, 개소부답야, 등경유이언
狹故而問, 皆所不答也, 滕更有二焉.”

『맹자 (진심)』

공도자가 등경을 대신해 맹자에게 가르침을 구하는 것처럼 보이지만 실은 맹자가 등경의 문제점을 지적한 것이다.

사람은 겸손해야 하며 자기만 옳다는 식의 태도는 버려야 한다. 스승의 가르침을 받으려면 이런 자세를 기본적으로 가져야 한다. 또한 스승이 다른 누군가에게 가르침을 구할 때도 다르지 않다는 것이다.

미국 26대 대통령 루스벨트는 자신을 낮추고 다른 사람에게 가르침을 구한 진정한 용기를 지닌 사람이었다. 그는 한 번 믿음을 준 사람에게는 끝까지 그 믿음을 지켰다.

루스벨트는 중요한 사안이 있을 때마다 항상 담당 관료를 모아놓고 상세한 부분까지 함께 상의하였다. 간혹 더 많은 정보가 필요하다고 생각하면 그 방면의 최고 전문가를 찾았다. 그 전문가가 아무리 먼 곳에 있더라도 수단과 방법을 가리지 않고 조언을 구했다.

동서고금의 위인들은 대부분 다른 사람에게 가르침을 구했기 때문에 위대한 성공을 거두었다. 다른 사람에게서 얼마나 많은 도움을 얻느냐에 따라 성과나 업적의 크기가 달라진다. 똑똑하고 위대한 인물들은 다양한 방법을 통해 주변 사람들의 제안을 이끌어 냈다. 그리고 그 의견들을 충분히 검토하여 자기에게 이익이 되는 것만 골라 효과적으로 이용할 줄 알았다.

반면 무능한 사람들은 다른 사람들의 의견을 구하는 방법을 모르거나 의견을 얻더라도 정확히 선별하고 적절히 이용할 줄 모른다.

　　　　사람들은 종종 이런 일쯤은 나 혼자서도 충분히 해 낼 수 있다는 오만에 빠진다. 거기다 다른 사람에게 의견을 구하는 일을 부끄럽게 여긴다. 하지만 이것은 잘못된 편견이다. 많은 사람들의 다양한 의견을 얻으면 이것을 이용해 더 완벽하게 일을 처리할 수 있다. 좋은 기회를 놓치면 큰 손해를 보는 것은 바로 자신이다.

남의 의견을 참고하는 것은 자기의 과오를 줄이고 시련을 적게 겪는 좋은 방법이다. 남의 의견들은 그들의 수많은 노력으로 얻어진 대가이며 소중한 경험에서 나왔기 때문이다. 남의 의견을 겸손한 자세로 받아들이면 작은 힘으로 큰 노력의 대가를 얻을 수 있다.

높이 서서 세계를 주시하라

공자께서는 동산에 올라서니 노나라가 작다고 느꼈다.
태산에 올라서는 천하가 작다고 느꼈다. 그래서 큰 바다를
본 사람은 다른 강물에 흥미를 느끼기 어렵다.
성인 문하에서 배워 본 사람은 다른 논리에 흥미를
느끼기 어렵다. 물을 보는 데도 정해진 방법이 있으니
반드시 그 웅장한 파도를 볼 줄 알아야 한다. 해와 달
모두 빛을 발하니 구석구석 통하지 않는 곳이 없다. 물이
흐르는 데에도 법칙이 있으니 울퉁불퉁한 곳을 가득
채우며 앞으로 흘러간다. 군자는 도에 뜻을 두었으면
반드시 일정한 수준에 올라야 통달한다.

공자등동산이소노, 등태산이소천하. 고관어해자난위수
孔子登東山而小魯, 登泰山而小天下. 故觀於海者難爲水,

유어성인지문자난위언. 관수유술, 필관기란
遊於聖人之門者難爲言. 觀水有術, 必觀基瀾.

일월유명, 용광필조언. 유수지위물야, 불영과불행
日月有明, 容光必照焉. 流水之爲物也, 不盈科不行.

군자지지어도야, 불성장불달
君子之志於道也, 不成章不達.

『맹자 (진심)』

아빠 거미는 안전한 곳에 집을 짓고 싶어 아들들을 데리고 여기저기 돌아다니며 보금자리를 찾았다. 그러나 마땅한 곳을 찾지 못했다.

이틀이 지나자 첫째 아들 거미가 달려와 좋은 곳을 발견했다고 말했다. 아빠 거미는 바로 아들을 따라 가 보았다. 아들 거미가 발견한 장소는 좁고 어두워서 사람들의 눈에 잘 띄지 않는 안전한 곳이었다. 그 곳은 바로 열쇠 구멍이었다. 아빠 거미는 열쇠 구멍 안이야말로 안전한 곳이라고 생각하며 기뻐하였다.

그런데 둘째 아들 거미가 다른 의견을 내놓았다.

"저기 대들보 위를 보세요. 저기라면 사람들 눈에 잘 띄지 않아 숨기도 좋고 거미줄을 쳐서 벌레들을 잡을 수도 있어요."

그리고 셋째 아들 거미도 계단을 올려다보며 말했다.

"여기 보세요. 여기에도 그물을 쳐 놓으면 벌레를 잡을 수 있어요."

그러나 아빠 거미는 두 아들들의 의견을 모두 무시하고 열쇠 구멍보다 안전한 곳은 없다고 우기며 온 가족을 데리고 열쇠 구멍 안으로 이사했다.

이사한 지 반나절도 안 되었는데 갑자기 무슨 소리가 들렸다. 아마도 사람이 오는 것 같았다. 잠시 후 덜거덕 덜거덕 소리가 나더니 구멍을 제대로 찾은 열쇠가 쑥 들어왔다. 거미 가족들은 도망갈 구석도 없는 열쇠 구멍 안에서 모두 즉사했다. 아빠 거미는 가장 좋은 방법을 찾기 위해 온갖 궁리를 다했지만 짧은 안목 때문에 결국 열쇠 구멍 안에서 온 가족들을 몰살시키는 비극을 빚어냈다.

지혜의 창 _______________

　　많은 사람들이 자신의 변변치 못한 안목으로 위기에 처해진 순간을 맞이해 봤을 것이다. 특히 가정이나 한 집단을 이끌어가는 주인이라면 반드시 탁월한 안목과 선견지명을 가져야 제대로 발전시켜 나갈 수 있다.

훌륭한 지도자라야만 우수한 인재들의 훌륭한 제안을 겸허하게 받아들여 실현시킬 수 있다.

높이 서서 멀리 내다보며 세계를 주시하는 사람이야말로 치열한 경쟁에 감히 도전을 할 수 있고 승리를 쟁취하는 데서 자신들의 새로운 운명을 개척해 나간다.

뜻이 있는 곳에 기적이 일어난다

양나라 혜왕이 왕도 실행 방법을 물었다. 맹자는 그 실행 방법은 간단하다고 대답하였다. 왕도 실행에서 중요한 것은 실행 주체가 실행 의지를 가지고 있느냐이다. 그래서 중국 고전에 "당신이 생각하지 못한 것 빼고는 하지 못할 일이 없다."는 말이 있다.

어떠한 사업을 하려는 사람에게 결연한 의지와 예리한 통찰력이 보여진다면, 그 사람은 자기 앞에 다가온 기회를 제대로 잡아 이용할 줄 알 것이다.

　인적이 드문 교외에 한 식당이 있었는데 교통이 불편한 외진 곳이라 이곳까지 식사하러 오는 사람은 많지 않았다. 주변 사람들은 주인에게 식당 문을 닫고 다른 일을 알아보라고 권하곤 하였다.
　고민에 시달리던 주인은 먼저 다른 식당들을 둘러 본 후 결정을 내리기로 했다. 그는 손님으로 가장해서 장사가 잘 되는 식당을 조사했다. 그 결과 시내에 있으면서 장사가 잘 되는 식당들의 공통점을 찾아냈다.
　이 식당들은 현대식 인테리어로 꾸며져 있었는데 좁은 공간에 많은 사람들이 모여 늘 시끄럽고 복잡했다. 그런 가운데 복잡하고 시끄러운 것을 싫어하는 고객들도 적지 않다는 것을 알게 되었다.
　식당 주인은 자신의 독특한 주변 환경을 생각하고 ‘조용하고 고풍스러운 식당’을 만들어 보기로 결심했다. 식당 주인은 인테리어 업자에게 특별히 단아하고 고풍스럽게 녹색과 흰색 두 가지만으로 실내를 장식하게 했다. 희색 기둥과 희색 테이블, 녹색 벽과 녹색의 화초들로 식당을 꾸몄다. 그리고 셰익스피어 작품에 나오는 술통에 술을 담았고 인도에서 구한 고대 전차 모양 수레로 음식을 날랐다.
　이렇게 식당 분위기를 완전히 바꿔놓자 복잡한 것을 싫어하는 고객들이 조용한 식당을 찾아오기 시작했다. 그리고 점차적으로 입 소문이 퍼지면서 손님이 늘어났다.

  이렇게 식당 주인은 피동적으로 기다리지 않고 적극적으로 기회를 찾아 나섰기에 기적을 만들어 냈다.

지혜의 창 

  뜻을 세우는 일은 중요하다. 간절히 원하는 일은 꼭 이루어진다고 한다. 간절히 원하는 것이 바로 뜻을 세우는 지름길이다. 그 뜻을 세우고 노력하면 세상에 안 될 일이 없다. 뜻을 세운다는 것은 삶의 어떤 의미를 두고 그 길을 실천하겠다는 의지이다. 세상에 안 되는 일은 없다. 다만 뜻을 세워 놓고 그것을 실천하지 않았기 때문이다. 없는 길을 찾아가려는 도전도 바로 뜻을 세우는 일에서 출발한다.

혁신만이 생존이 가능하다

연나라 백성들이 점령당해서 기뻐한다면 점령해야 합니다.
옛사람들도 그러했고 주나라 무왕이 그러했습니다.
점령해서 연나라 백성들이 기뻐하지 않는다면 점령하지
말아야 합니다. 옛사람들도 그랬으니 주나라 문왕이
그러했습니다. 대규모 군대를 거느린 강대국 제나라가 똑
같이 대규모 군대를 거느린 강대국 연나라를 공격했는데
백성들이 광주리에 온갖 음식과 술을 담아 와서 왕의
군대를 환영한다면 도대체 그것이 무슨 이유겠습니까?
그들은 단지 고통스러운 삶에서 벗어나고 싶을 뿐입니다.

취 지 이 연 민 열 , 즉 취 지 . 고 지 인 유 행 지 자 , 무 왕 시 야
取之而燕民悅, 卽取之. 古之人有行之者, 武王是也.

취 지 이 연 민 불 열 , 즉 물 취 . 고 지 인 유 행 지 자 , 문 왕 시 야
取之而燕民不悅, 卽勿取, 古之人有行之者, 文王是也.

이 만 승 지 국 벌 만 승 지 국 , 단 식 호 장 이 영 완 사 , 개 유 타 재
以萬乘之國伐萬乘之國, 簞食壺漿以迎王師, 豈有他哉?

피 수 화 야 , 여 수 익 심 , 여 화 익 열 , 역 운 이 기 의
避水火也, 如水益深, 如火益熱, 亦運而己矣.

『맹자 (양혜왕)』

제나라 선왕이 맹자에게 연나라를 공격해야 하는지를 물었다. 맹자는 신중하게 선왕이 스스로 선택할 수 있도록 두 가지 방법을 제안하였다. 하지만 눈여겨보면 맹자는 연나라 공격을 지지하고 있음을 알 수 있다. 맹자는 이런 생각을 직접 드러내지 않고 모호하게 대답하였다.

맹자는 항상 전쟁과 관련된 문제에는 반대 입장을 보였다. 그런 그가 왜 제나라 선왕이 연나라를 공격하는 것에 지지했을까? 여기에는 두 가지 이유가 있다. 하나는 침략에 대한 응징이고 다른 하나는 남의 위급한 상황을 기회로 만들기 위해서다.

맹자와 공자는 융통성 없이 틀에 박힌 원칙만 주장하며 혁신을 거부하는 보수적인 책벌레가 아니었다. 이 두 성인은 주변 상황에 민감하게 대처하는 유연한 사고를 가졌다. 따라서 맹자는 도의에 합치되는 일이라면 먼저 공격할 수 있다고 생각한 것이다.

옛날, 한 소년이 근심스런 표정으로 냇가에 앉아 있었다. 길을 가던 노인이 소년을 보고 물었다.

"애야, 여기 혼자 앉아서 뭘 하고 있니?"

소년이 대답했다.

"할아버지, 시내를 건너야 하는데 신이 젖을까 봐 못 건너가겠어요. 그래서 시냇물이 마르면 건너가려고 기다리는 중이에요."

노인은 크게 웃음을 터트리며 말했다.

"애야, 시냇물은 영원히 마르지 않는단다. 너처럼 이렇게 계속 기다리다가는 아마 나처럼 늙은이가 될 때까지 이 시내를 건너지 못 할 거다!"

지혜의 창

기회는 우리를 기다려 주지 않는다. 적극적으로 기회를 잡아 새로운 변화를 제때에 직시하고 치열한 경쟁에서 과감하게 혁신을 감행해야 성공을 취득할 수 있다.

창조만이 기적을 만들어 낸다

시를 읽는 사람은 문학적인 형식에 얽매이거나 시구
자체에 얽매여 시의 본뜻을 오해하지 않아야 한다.
반드시 자신이 느낀 것을 바탕으로 시인의 본뜻을
헤아려야만 그 시를 제대로 이해할 수 있다.

고 설 시 자 , 불 이 문 해 사 , 불 이 사 해 지
古說侍者, 不以文害辭, 不以辭害志.
이 의 역 지 , 시 위 득 지
以意逆志, 是爲得之.

『맹자 (만장)』

프랑스 화장품 회사 이브로쉐는 1985년까지 세계 각지에 960개 영업점을 냈으며 현재 세계 최대 규모인 프랑스 화장품 기업 로레알에 맞설 수 있는 유일한 경쟁대상으로 떠올랐다.

이브로쉐의 성공은 그의 창조 정신에서 비롯되었다. 1958년 이브로쉐는 한 여의사로부터 치질 치료에 특효가 있는 연고 제조비법을 전

수받았다. 이 비법은 이브로쉐의 호기심을 자극했다. 그는 이 제조비법을 기초로 연구개발에 착수했고 얼마 뒤 식물 발삼을 이용한 화장품을 만들었다.

그러던 어느 날, 이브로쉐는 색다른 아이디어를 떠올렸다. 그는 당시 유행했던 패션 잡지에 상품 광고를 실으며 통신구매 신청서를 첨부했다. 물론 처음에는 별다른 판매 효과가 없었지만 이 시도는 훗날 이브로쉐에게 엄청난 성공을 안겨주었다.

당시 화장품 업계에서는 식물 추출 화장품에 대한 인식이 거의 없었던 만큼 그 가치를 인정하는 사람은 찾아볼 수 없었다. 그러나 이브로쉐는 새로운 발상을 통해 흙 속의 진주를 찾아냈다.

1960년, 이브로쉐는 마사지 크림을 생산했다. 그리고 남들이 생각하지 못한 독특한 판매 방식인 우편 통신 판매로 대성공을 거두었다. 불과 몇 주 만에 70만 개를 팔았다.

이브로쉐는 매장 직원들에게 항상 이렇게 교육했다.

"우리 제품을 구입하는 여성 고객들은 우리의 여왕입니다. 고객들이 여왕이 된 것처럼 느낄 수 있도록 서비스해야 합니다."

우편 주문 방식은 일이 바쁘거나 이브로쉐 매장과 멀리 떨어진 곳에 사는 여성들에게 크게 환영을 받았다. 우편 주문은 전체 매출액 50%를 차지할 정도로 비중이 컸다.

이브로쉐는 약 천만 명의 고객 정보를 데이터베이스화하여 매년 고객의 생일이나 중요한 기념일에 축하카드와 함께 신제품 샘플 등을 보내 주었다. 이러한 세심한 배려와 서비스는 회사에 더 큰 이익을 안겨주었다.

이브로쉐 성공은 "빨리 부자가 되고 싶다면 창조의 지름길을 찾아라. 수많은 사람들과 어깨를 부딪치며 이리저리 밀려다니지 말라."라는 나폴레옹 힐의 말을 사실로 증명해 주었다. 세계적으로 성공한 사람은 모두 창조력을 발휘하여 기적을 이루었다.

지혜의 창

경제학자 조셉 슘페터J. Schumpeter는 경제발전을 설명하기 위해 창조적 파괴란 용어를 사용했다. 기술 혁신을 통하여 낡은 것을 버리고 새로운 것을 창조하여 변혁을 일으키는 과정을 말한다. 조셉 슘페터는 역동성을 가져오는 가장 큰 요인으로서 창조적 파괴를 꼽았을 정도이다. 창조란 낡은 것을 버리고 새로운 도전을 통한 변화 속에서 추구된다. 창조는 성실과 부지런함을 바탕으로 일어나는 정신혁명이다. 창조적인 파괴처럼 기존의 것을 과감히 부수고 탈출하는 용기가 자기를 변화시킬 중요한 힘이 된다.

준비가 없으면 기회도 없다

1865년, 미국 남북전쟁이 끝나자 카네기는 전쟁으로 파괴된 경제기반을 복구하려면 반드시 철강 수요가 크게 증가할 것이라고 예감했다. 그래서 카네기는 고액 연봉이 보장된 철도국에 과감히 사표를 던지고 스스로 피츠버그 제철 회사를 만들었다.

카네기는 자신의 제철 회사에 22.5m에 달하는 세계 최대 용광로를 세웠다. 당시 많은 투자자들이 우려를 표명했다. 그러나 카네기는 수많은 노력과 뛰어난 경영 감각을 발휘하여 이 모든 우려를 불식시켰다.

당시만 해도 체계적인 공장 시스템이 갖추어지지 않아 원료 매입에서 제품 판매까지 모든 과정을 주먹구구식으로 진행해 왔다. 그러다 보면 마지막 결산 과정에서야 손익 여부를 판단할 수 있었다. 카네기는 이런 비과학적인 경영방식을 탈피하기 위해 부단히 노력했다.

그는 먼저 각 직급에 맞는 명확한 고효율 관념을 주입하여 생산성을 크게 증대시켰다. 또한 영국의 베세머 제철 공정을 도입하여 기술적인 부분에서도 효율성을 강화했다. 카네기가 예리한 통찰력과 뛰어난 예지를 발휘하지 않았더라면 그의 제철 사업은 곧이어 불어 닥친 불황의 늪에서 헤어나지 못했을 것이다.

카네기는 어려운 여건 속에서 투자를 확대하고 새로 제철 공장을 세웠다. 당시 카네기는 공장 건설 자금을 확보하기 위해 투자 전문회사 모건을 찾아가 당당히 자신의 포부를 밝히고 그들을 설득했다.

"우리 회사는 지금 백만 달러 규모의 사업을 계획하고 있습니다. 이번에 세우는 공장에는 5톤급 베세머 전로를 세우려고 합니다."

"그렇게 하면 공장의 생산력은 어느 정도입니까?"

"1875년 1월부터 가동을 시작할 계획입니다. 강철 레일을 매년 3만 톤 이상 생산할 수 있습니다. 톤 당 제조 원가는 69달러로 예상합니다."

"현재 강철 레일의 평균 제조 원가가 톤 당 110달러이고 공장 건설 투자비용이 백만 달러이니까 일 년이면 투자액을 뽑을 수 있겠군요."

"주식에 투자하는 것보다 훨씬 큰 이익을 얻을 수 있습니다."

카네기는 마지막까지 강한 자신감을 드러냈다.

자금을 확보한 카네기는 당장 백만 달러 투자 계획에 들어갔다. 공장 건설이 예정보다 늦어져 1875년 8월 6일 첫 가동을 시작했다. 2,000톤 강철 레일을 첫 수주하면서 새 공장의 용광로에 불꽃이 타올랐다.

1890년, 카네기 회사는 군소 철강회사를 합병하면서 자산 규모 2,500만 달러의 거대 기업으로 발전했다. 이즈음 카네기 철강회사로 명칭을 바꾸었고 얼마 뒤 다시 US스틸로 변경했다.

카네기 성공은 탁월한 선견지명과 과감한 행동에 있었다. 다른 사람에게는 몸 사려지는 불경기였지만 카네기는 그 안에서 강철왕 신화를 만들어 내고 말았다.

지혜의 창

맹자는 시기의 중요성을 강조하였다. 사업 발전에서 시기는 맹자가 말한 "민심을 하나로 모으면 모든 문제를 해결할 수 있다."는 인화人和만큼 중요한 것이다.

사업 발전을 위해서는 기회가 오기 전에 충분히 분석하고 만반의 준비를 갖추어야 한다. 그래야 기회가 지나기 전에 신속히 행동을 취해 행운의 여신을 내편으로 만들 수 있다.

칭찬은 사람을 분발시킨다

사람의 잘못은 최대한 감춰 주고 잘한 것을 최대한 널리 알리는 것이 좋은 방법이라고 했다. 그러므로 대인 관계에서 항상 격려하고 칭찬을 아끼지 말아야 한다.

오리구이를 특별히 좋아하던 어떤 부자가 오리구이 전문 요리사를 고용해 매일 오리 한 마리를 요리하게 했다.

이 요리사가 구운 오리구이는 껍질이 부드럽고 담백했으며 고기 굽는 냄새까지 아주 일품이었다. 하지만 부자는 매정한 사람이라 매일 이렇게 맛있는 오리구이를 먹으면서도 요리사에게 칭찬 한 마디하지 않았다.

한번은 오리구이에 다리가 하나밖에 없었다. 부자는 이상하다고 생각했지만 체면 때문에 왜 다리가 하나뿐이냐고 물어 볼 수가 없었다. 일주일이 지나도록 계속 오리구이 다리가 하나뿐이자 부자는 더 이상 참을 수 없어 당장 요리사에게 "왜 오리구이에 다리가 하나뿐이냐, 나머지 한쪽 다리는 어디 갔느냐?"고 물었다. 그러자 요리사는 대답했다.

"모르셨어요? 이 오리는 원래 다리가 하나밖에 없습니다. 못 믿겠으면 저를 따라와 보세요."

부자는 요리사의 말을 믿을 수 없어서 요리사와 함께 뒤뜰로 나갔다. 마침 더운 한낮이라 오리들은 모두 한쪽 다리를 품에 접어 넣고 선 채로 낮잠을 자고 있었다. 요리사는 당당하게 말했다.

"보세요. 오리들이 전부 다리가 하나밖에 없잖아요!"

부자는 여전히 요리사의 말을 믿을 수 없어 박수를 몇 번 치자 놀란 오리들이 접어두었던 다리를 펴고 후다닥 도망쳤다.

"봐라. 오리들의 다리가 두 개가 아니냐?"

"맞습니다. 그 박수를 조금만 더 일찍 쳐 주셨더라면 그 전의 오리들도 모두 다리가 두 개였을 텐데 말입니다."

　사람은 누구나 박수와 칭찬을 받고 싶어 한다. 간단한 한마디 칭찬에서 용기와 희망을 얻는다.

　미국의 강철왕 카네기는 "상대방을 변화시키려 할 때 왜 비난을 하는가? 부하 직원의 발전이 미미하더라도 반드시 칭찬해야 한다. 그래야 그 사람이 더욱 자신을 발전하도록 분발시킬 수 있다."고 말하였다.

지혜의 창

　비난은 가능하면 적게, 칭찬은 가능하면 더 많이 해야 한다. 칭찬은 인간 본성에 잘 맞는 지도방법이므로 적절한 순간에 적절한 칭찬은 사람을 기분 좋게 만든다. 사소한 작은 일이라도 기회가 될 때마다 칭찬을 해 보라. 칭찬을 많이 한다고 싫어할 사람은 없다. 칭찬할 때는 반드시 진실한 미소를 지으며 표현해야 한다. 미소의 힘은 대단하다. 그러나 미소보다 직접 말로 표현하는 칭찬이 더 효과적이다.

뜻이 있으면 무엇이든 해 낸다

원대한 일을 하는 것은 마치 우물을 파는 것과 같다.
아홉 길의 우물을 팠는데도 샘물이 나오지 않으면
버려진 우물과도 같다.

유위자벽약굴정, 굴정구인이불급천, 유위기정야
有爲者辟若掘井, 掘井九軔而不及泉, 猶爲棄井也.

『맹자 〈진심상〉』

유수劉秀가 한나라 황실을 부흥시키고 황제의 자리에 처음 올랐을 때의 일이다. 당시 여러 태수들은 제각기 왕호王號를 일컬었다. 이는 새로 들어선 동한 왕조에 큰 부담이 되었다. 그리하여 건위장군 경엄이 유수(광무제)에게 말했다.

"신의 부친 경황이 지금 상곡에 주둔하고 있는데 막강한 병력을 지니고 있습니다. 그러니 제가 그와 연합해 일단 팽총을 토벌하고 그런 뒤에 장풍(태수)과 장보(태수)를 차례로 제거해 화근을 없애겠습니다."

경엄의 씩씩한 기상에 믿음이 간 유수는 그의 권유에 따라 먼저 어양으로 진격해 갔다. 경엄은 어양으로 진격하던 도중에 장풍의 군사력이 상대적으로 약하다는 사실을 알고 장풍을 먼저 제거하기로 계획을 바꿨다. 경엄은 주우와 왕상의 지원을 받으며 연거푸 승리를 거두고 일거에 장풍의 근거지를 소탕하고 장풍을 제거했다.

팽총은 본래 장풍과 결탁해 나쁜 짓을 일삼던 인물로 장풍이 죽자 홀로 버티기 어려웠다. 경엄이 승세를 타고 접근하자 팽총의 군사들은 달아났다. 다급해진 팽총은 성을 버리고 달아나려 했지만 가노家奴에게 죽임을 당했다.

경엄은 승세를 타고 제남을 격파하여 장보의 근거지인 극현을 압박했다.

장보는 20만 대군을 모조리 전투에 투입시켰다. 전투는 시작부터 매우 치열했다. 경엄은 앞장 서 상대를 무찌르던 중 어디선가 날아온 화살에 허벅지를 맞았다. 경엄은 군사들의 사기가 떨어질까 우려해 화살대를 잘라내고 이를 악물고 계속 싸움을 벌였다. 날이 저물자 쌍방은 군사를 거두었다. 그제야 주변 장수들은 경엄의 부상을 알게 되었다.

이 무렵 유수는 산동으로 들어가 경엄을 원조할 채비를 갖추었다. 소식을 접한 경엄은 장수들에게 이렇게 말했다.

"황제께서 곧 당도하실 것이다. 우리는 기필코 싸움에서 승리한 다음 황제를 맞이해야 할 것이다. 어찌 황제께서 위험한 전쟁터로 오시게 할 수 있겠는가?"

경엄의 말에 장수들은 크게 고무되었다. 이튿날 전투는 새벽부터 저녁까지 치열하게 벌어졌고 결국 장보는 참담한 손실을 입고 달아났다.

승리를 축하하는 연회에서 유수는 감격스러운 어조로 경엄에게 말했다.

"장군은 백전노장이오. 가는 곳마다 대적할 자가 없소. 왕년의 한신도 감탄을 금치 못할 것이오. 돌이켜 보면 앞서 장군이 내게 반역자들을 쓸어내자고 건의하였을 때 나는 염려스러웠소. 하지만 장군은 끝내 그 목표를 달성했소. 그야말로 뜻이 있는 사람은 결국 일을 해 낸다는 속담이 맞는 것 같소."

지혜의 창

맹자는 우물 파는 것을 비유로 들며 어떤 일을 함에 있어서 나태하지 말고 언제나 변함없는 마음과 태도를 갖는 것을 중요하다고 여겼다. 스스로 나태하지 않도록 수양한다면 높은 도덕적 경지에 이른다고 했다. 그리고 그 후에 뜻을 세우고 그 뜻을 일궈나가는 일을 해 내면 무슨 일이든 이뤄낼 수가 있다는 것이다.

제2장

이룸의 위대함

스스로 자신을 크다고 생각하지
않기 때문에 참으로 위대함을
이루고 있다.

— 노자

대장부의 기개

부귀함으로 마음을 흔들 수 없고 빈천함으로도 절개를
바꿀 수 없으며 위세와 무력으로도 의지를 꺾을 수 없는
사람을 대장부라고 한다.

부귀불능음, 빈천불능이, 위무불능굴, 차지위대장부
富貴不能淫, 貧賤不能移, 威武不能屈, 此之謂大丈夫.

『맹자 (등문공하)』

전국 시대 후기에 이르러 조나라가 강성해지자 진나라는 공격의 칼날을 항상 조나라에 겨누었다.

당시 조나라 혜문왕은 세상에 둘도 없는 '화씨벽和氏璧'을 손에 넣고 있어 진나라 소양왕은 호시탐탐 '화씨벽'을 노리고 있었다. 마침 기원전 283년, 진나라 소양왕은 조나라 혜문왕에게 국서를 보냈다.

"우리나라의 열다섯 성과 화씨벽을 바꾸고 싶소."

조나라 혜문왕은 진나라의 요구를 들어주려니 속을 것만 같았고 들

어주지 않으려니 원한을 살까 두려웠다. 혜문왕이 고민하고 있을 때 어느 환관이 혜문왕에게 말했다.

"저의 집에 인상여라는 문객이 있습니다. 그는 식견이 매우 높은 책사策士입니다. 그러니 그를 진나라에 보내는 것이 적합할 것 같습니다."

혜문왕이 인상여를 불러 전후사연을 말한 다음 이렇게 물었다.

"선생이 화씨벽을 가지고 진나라에 다녀올 수 있겠소?"

"갈 만한 사람이 없다면 제가 다녀오겠습니다. 진나라가 성을 주면 화씨벽을 진나라에 넘겨주고 그렇지 않으면 반드시 도로 가져오겠습니다."

인상여가 진나라에 가 소양왕에게 화씨벽을 바쳤다. 인상여는 씁쓸한 표정으로 한참을 기다렸지만 소양왕에게서는 성을 주겠다는 말은 나오지도 않았다. 인상여는 진나라 소양왕의 속셈을 눈치 채고 잠시 궁리한 끝에 한 가지 묘안을 떠올렸다.

그는 소양왕 앞으로 나아가 이렇게 말했다.

"이 구슬은 매우 훌륭하지만 작은 흠이 있습니다. 다른 사람은 찾아내기 어렵습니다. 제가 왕께 알려드리지요."

소양왕이 화씨벽을 건네주자 인상여는 몇 걸음 뒤로 물러났다. 그는 대청의 기둥에 바싹 다가서더니 눈을 부릅뜨고 말했다.

"왕께서 조나라에 국서를 보낼 적에는 열다섯 개의 성과 이 화씨벽을 바꾸자고 하였습니다. 조나라 대신들은 '필시 속임수이니 절대로 들어주어서는 안 된다.'고 반대했습니다. 하지만 저는 '대국의 군주가 어찌 신의를 지키지 않겠느냐?'며 설득했습니다. 결국 조나라 임금님은 닷새 동안이나 재계하고 화씨벽을 보냈습니다. 이 얼마나 정중한 일입니까? 그런데 왕께서는 지금 화씨벽을 손에 넣자 아무렇지 않게 신하들에게 내돌려 구경거리로 만들고 후궁들에게까지 보여 주셨습니다. 저는 왕께서 성과 구슬을 맞바꿀 의향이 없다는 것을 알겠습니다. 지금 화씨벽은 제 손에 있습니다. 약속을 지키지 않으신다면 저는 기둥에 구슬을 부딪쳐 깨버릴 것입니다."

"그건 오해요. 내가 어찌 그리하겠소?"

"그럼, 좋습니다! 왕께서도 닷새간 재계하시고 화씨벽을 받아들이는 의식을 치르십시오. 이렇게 정중하게 예를 다해야만 화씨벽을 바칠 것입니다."

"좋소. 그리하겠소. 닷새 후에 의식을 거행하겠소."

화씨벽을 가지고 객사에 돌아온 인상여는 자신이 데리고 온 사람을 장사꾼으로 변장시켜 화씨벽을 가지고 몰래 조나라로 돌아가게 하였다.

이윽고 약속한 닷새가 지났다. 소양왕은 대신들을 모아 놓고 화씨벽을 받는 의식을 거행했다.

"조나라 대신은 대전에 오르시오!"

인상여는 침착하게 대전으로 올라가 소양왕에게 예를 행했다.

"이제 화씨벽을 건네받는 의식을 치를 것이오!"

"진나라는 목공 이래로 20여 명의 군주가 있었지만 신의를 지킨 인물은 없었습니다. 맹명시는 진晉 나라를 속였고 상앙은 위나라를 속였으며 장우는 초나라를 속였습니다. 저는 속임을 당해 조나라 임금을 뵐 면목이 없을까 두려워 일단 화씨벽을 조나라로 돌려보냈습니다. 왕께서는 저의 죄를 다스려 주십시오."

소양왕은 인상여의 말을 듣고 벽력처럼 소리쳤다.

"나는 요구대로 닷새 동안 재계하고 오늘 의식을 거행하려고 하였다. 그런데 화씨벽을 돌려보냈다고! 그대가 나를 속인 것인가? 아니면 내가 그대를 속인 것인가? 저 자를 당장 포박하라!"

인상여는 조금도 동요하지 않고 대답했다.

"세상 제후들은 모두 진나라가 강하고 조나라가 약하다는 사실을 잘 알고 있습니다. 강한 나라가 약한 나라를 속이지 약한 나라가 강한 나라를 속이는 법은 없습니다. 왕께서 진정으로 화씨벽을 원하신다면 먼저 열다섯 성을 조나라에 주십시오. 그런 뒤에 저와 함께 조나라로 사신을 보내 화씨벽을 받으십시오. 조나라는 열다섯 성을 얻으면 결코 신의를 저버리지 않을 것입니다. 제가 드릴 말씀은 다했습니다."

양쪽에 있던 무사들이 인상여를 포박하려는 순간 소양왕이 소리쳤다.

"멈춰라!"

소양왕이 인상여를 보며 말했다.

"내가 어찌 그대를 속이겠소? 옥은 옥일 뿐이요. 사소한 일로 두 나라의 우호를 망치고 싶지는 않소."

소양왕은 인상여를 정중하게 예우하여 돌려보냈다. 소양왕은 화씨벽을 반드시 손에 넣으려는 것은 아니었다. 이 일을 빙자해 조나라의 태도와 실력을 살펴려는 것이었다.

인상여가 화씨벽을 조나라로 돌아오게 만든 것은 쉽게 굴복하지 않겠다는 조나라의 결심을 보여준 것이며, 또한 위엄과 무력 앞에서도 굴복하지 않은 인상여의 대장부다운 기개를 보여준 것이다.

지혜의 창

부귀는 마음을 어지럽힐 수 없고 빈천은 절개를 바꿀 수 없으며 위세와 무력은 뜻을 꺾을 수 없다. 이처럼 인의의 길을 지키고 자주적 인격을 지니는 사람이라면 대장부라 할 수 있다는 것이다.

맹자가 말하는 대장부 정신은 개인의 정신적 가치에 대한 인식을 보여준다. 이런 대장부 정신은 세도가들을 경멸하는 호연의 정기와 침범할 수 없는 자주적 인격으로 인의의 절개를 굳게 지키는 맹자의 자화상이다. 맹자가 높이 찬양한 대장부의 기개는 정의를 실천하고 분투하는 강직하고 충직한 사람들에게 큰 영향을 주었다.

군자의 기개

포숙아의 보필을 받으며 제나라 임금의 자리에 오른 소백을 역사에
서는 환공이라고 부른다. 환공은 임금이 되기 전, 귀국하려 할 때 관
중이 자기를 제지하려 했다는 이유로 그를 죽이려 했다.

포숙아와 관중은 절친한 벗이었다. 포숙아는 관중을 잘 알고 있어
그를 제나라의 재상감이라고 판단했다. 그리하여 포숙아는 제 환공을
설득했다.

"왕께서는 크게 내다보십시오. 만약 제나라만을 다스리려고 하신다

면 국씨, 고씨 등과 잘 협조하면 됩니다. 하지만 천하의 패자覇者가 되고 싶다면 관중을 얻지 않고서는 불가능합니다. 기백이 있는 군주는 도량도 넓다고 합니다."

결국 환공은 관중에 대한 원한을 풀고 포숙아의 제안을 받아들였다. 포숙아는 재능이 뛰어난 관중을 환공에게 추천해 재상의 자리에 앉히고 자신은 그보다 낮은 자리에 앉았다. 환공은 포숙아의 간언을 받아들이고 훌륭한 인재들을 기용했는데 훗날 그들의 관계는 인군仁君과 현사賢士로서 좋은 본보기가 되었다.

지혜의 창

맹자는 장차 큰일을 하려는 군주가 도덕을 존중하고 인정을 베풀지 않는다면 큰일을 함께 할 수 없다고 하였다. 그는 부귀와 권세를 뽐내거나 현능한 인물을 경시해서는 안 되며, 도덕을 존중하고 인정을 행하고 현능한 인물을 존중할 것을 강조했다. 군자의 인의와 절개는 제후의 부귀함과 권세보다 더 높은 것이라고 주장했다.

멸망을 자초

> 사람은 스스로 남에게 모욕을 줄 행위를 저질렀다면
> 나중에 남에게 모욕당한다. 집안 스스로 망가뜨리는
> 행위를 저지른다면 뒤에 남에게 비방을 당한다.
> 나라는 스스로 토벌당할 행위를 저지른 뒤에는
> 남에게 당한다.
>
> 부인필자모, 연후인모지 ; 가필자훼, 이후인훼지
> **夫人必自侮, 然後人侮之 ; 家必自毀, 而後人毀之 ;**
>
> 국필자벌, 이후인벌지
> **國必自伐, 而後人伐之.**
>
> 『맹자 (이루)』

이 말은 스스로 허물을 불러들이면 사람의 안위, 가정의 화와 복,
국가의 존망까지 영향을 미침을 천명한 것이다.

수나라 양제는 황제 자리에 있는 13년 동안 온갖 폭정을 일삼아 백
성들을 괴롭혔다. 양제는 도처에 궁전을 짓느라 엄청난 인력과 재물

을 낭비했는데 그 궁전 건립에 쓰이는 목재를 멀리 강남 지방에서 옮겨오느라 운반 행렬이 천 리까지 늘어섰다고 한다.

605년, 양제는 강남 지방을 유람하고자 용선龍船을 비롯한 각종 선박을 만들게 하였다. 여기에는 수십만 명의 백성들이 동원되었는데 그들 중 절반 가까이 작업을 하던 중에 숨졌고 시신을 옮기는 수레의 행렬은 끊임없이 이어졌다고 한다.

그 해 8월 양제는 낙양을 출발해 강도로 갔다. 양제는 높이 45자, 넓이 50자, 길이 200자에 4층으로 이루어진 대형 용선을 타고 3천 명의 후궁과 문무백관, 공주, 승려, 도사를 수행시켰는데 그 행렬은 2백 리나 이어졌다. 당시 양제의 행렬이 지나가는 인근 5백 리 안에 있는 고을에서는 모두 진귀한 음식물을 바쳐야 했다.

강도江都에 도착한 양제는 날마다 미녀들을 옆에 끼고 술을 마시며 놀았다. 세상은 온통 난리로 어수선했지만 그는 조금도 개의치 않았다.

양제가 사치스럽게 생활하는 동안 강도에는 흉년이 들어 양식이 바닥났다. 대부분 북방 출신이던 양제의 호위병들은 자칫하면 굶어 죽을지도 모른다는 생각이 들자 한 명 두 명씩 달아나기 시작했다.

그러자 호분낭장 사마덕감司馬德戡이 주동이 되어 호위병들의 향수를 자극해 변란을 일으켜 두건으로 양제를 싸서 질식사시켰다. 이리하여

한 시대를 풍미한 폭군은 세상과 영원히 작별하고 말았다.

지혜의 창

　　이 내용은 사람을 분발시키고 화와 난을 피함에 있어서 큰 깨우침을 준다. 공자는 제자들에게 "물이 맑으면 갓끈을 씻고 물이 흐리면 발을 씻는다고 하였다. 이는 물 자체의 맑고 흐림이 만들어 내는 것이다."라고 하였다.

주사^{朱砂}와 가까우면 붉어진다

풍년에는 젊은이들이 게을러지고 흉년에는 젊은이들이
사나워진다. 이는 하늘이 내린 바탕이 달라서가 아니라
그들의 마음을 빠져 들게 하는 것이 그렇게 만든다.

부세, 자제다리; 흉세, 자제다포
富歲, 子弟多賴; 凶歲, 子弟多暴.
비천지강재이수야, 기소이함닉기심자연야
非天之降才爾殊也, 基所以陷溺基心者然也.

『맹자 (고자)』

맹자는 도덕을 함양할 때 환경이 인간 본성에 미치는 중요성을 입
증하고자 이렇게 설명을 하였다.

"씨를 뿌리고 흙을 덮어 보리를 심으면 보리 이삭은 무럭무럭 자라
서 하지 무렵이 되면 누렇게 익는다. 하지만 설사 같은 땅에 같은 시
기에 파종했더라도 토지의 비옥도, 강수량 차이, 사람의 노력 여하에
따라 수확량은 달라진다. 같은 부류는 서로 비슷한 법이다. 사람도 다

르지 않다. 성인도 보통 사람과 다르지 않다. 용자龍子는 '발의 크기를 모르고 신발을 만들더라도 삼태기처럼 크게 만들지는 않을 것이다.' 라고 하였다. 그것은 세상 사람들의 발이 서로 비슷하기 때문이다."

맹자는 사람에 대한 환경의 중요성을 강조하며 자기 수양을 강화하고 자발성을 발휘하게끔 독려하였다.

한때, 맹자는 제자들과 함께 제나라를 떠나 송나라로 갔다. 송나라에 머물면서 맹자는 송나라 대신 대불승에게 유능한 인재를 많이 추천하라고 말했다.

"임금이 선을 행하려고 노력하길 바라십니까? 한 가지 방법을 일러 드리겠습니다. 만약 초나라 사람이 아이에게 제나라 말을 가르치려면 제나라 사람에게 맡기겠습니까? 초나라 사람에게 맡기겠습니까?"

"당연히 제나라 사람에게 맡기지요."

"제나라 사람이 아이에게 제나라 말을 가르치는데 옆에서 초나라 사람이 떠들며 내버려두지 않는다면 날마다 아이에게 매질을 하면서 제나라 말을 가르친대도 소용이 없을 것입니다. 그러니 아이에게 제나라 말을 잘 가르치려면 좋은 환경을 만들어 주어야 합니다. 아이를 제나라 도성의 번화한 거리에 몇 년 동안 데려다 놓고 제나라 말을 가르친다면 아이에게 매질을 하며 초나라 말을 하라고 해도 소용이 없을 것입니다. 당신은 설거주가 훌륭한 선비라며 그에게 송나라 임금을 잘 인도하라고 하였습니다. 궁중에 있는 사람들이 모두 설거주와 같다면 임금이 누구와 있은들 옳지 못한 일을 하겠습니까? 소인배가 많고 현자가 적다면 임금이 어떻게 훌륭한 업적을 이룰 수 있겠습니까?"

"선생님의 말씀을 들으니 환경이 사람에게 어떤 영향을 미치는지 잘 알겠습니다."라고 대불승은 감탄을 금하지 못했다.

한번은 맹자가 제자들과 함께 제나라 국경을 들어서다가 사냥을 마친 제나라 왕자가 사람들의 호위를 받으며 수레에 오르는 모습을 보고 탄식을 하며 말했다.

"환경은 사람의 기개를 바꾸고 음식은 사람의 체질을 바꾼다. 환경은 실로 중요한 것이다. 제나라의 왕자도 사람의 아들이 아니더냐? 그런데 어째서 그의 언행은 여느 사람들과 이리도 다르단 말이냐?"

맹자는 잠시 생각에 잠기더니 다시 입을 열었다.

"제나라 왕자의 거처, 거마車馬, 의복은 남들과 다르지 않다. 그런데도 그의 기개는 어째서 뭇사람들과 사뭇 다른 것인가? 그가 사는 환경이 그렇게 만든 것이다. 언젠가 노나라 임금이 송나라에 갔다가 도성의 성문 아래에서 고함을 질렀다. 그러자 성문지기가 내려다보며 이렇게 말했다. '저자는 우리 임금이 아닌데 어째서 목소리가 우리 임금과 비슷하지.' 이는 두 나라 임금의 환경이 서로 같기 때문이다."

제자들은 맹자의 말에 대답했다.

"환경은 사람에게 중요한 영향을 미치는군요."

　　맹자가 송나라와 제나라에서 환경의 영향을 언급한 일화를 보면 사람의 자질 형성에 환경이 얼마나 중요한 영향을 미치는지를 알 수 있다.

어떤 목표가 세워졌으면 그것을 달성하기 위하여 몰두할 필요가 있다. 그런데 몰두할 수 없는 환경이 주어진다면 목표달성에 불리할 수밖에 없다. 목표에 유리한 환경을 만들어서 집중하여 노력해야만 좋은 성과를 기대할 수 있는 것이다.

생명을 바쳐 인을 온전히 이룬다

생명도 내가 바라는 것이며 도의도 내가 바라는 것이다.
두 가지를 모두 얻을 수 없다면 생명을 버리고라도
도의를 선택할 것이다.

생, 역아소욕야; 의, 역아소욕야
生, 亦我所欲也; 義, 亦我所欲也.
이자불가득겸, 사생이취의자야
二者不可得兼, 舍生而取義者也.

『맹자 (고자)』

한 무제 때, 한나라 사신으로 흉노에 간 위율이 흉노로 귀순하자 그의 부관인 우상은 위율을 죽이고 한나라로 탈출할 생각을 하고 있었다. 그 무렵 소무 일행이 흉노에 도착하였다. 우상은 친구인 장승과 함께 위율을 죽이기로 했다.

그런데 계획이 탄로 나자 우상은 위율을 죽이지도 못하고 흉노 선우의 부하들에게 체포되었다. 흉노 선우는 위율에게 우상을 심문하게 하여 공모자를 색출하게 했다. 그러자 장승은 두려운 나머지 우상과 모의한 인물로 소무를 지목했다. 소무는 분개했다.

"대국의 당당한 사신이 범죄자처럼 남의 신문을 받는다면 조정의 체면을 구기는 일이 아닌가? 자살하는 편이 낫다!"

소무가 칼을 뽑아 목을 내리 찌르려는 순간 장승과 상혜(한나라 사신)가 잽싸게 소무가 든 칼을 빼앗았다.

우상은 온갖 고문을 당하면서도 장승과는 친구 사이일 뿐이라고 버텼다. 그들은 일이 잘못되더라도 공모한 사실을 부인하였다. 선우는 위율을 시켜 소무 일행에게 귀순을 권했다.

"절개를 내던져 사신의 직무를 더럽히고 살아남는다면 무슨 면목으로 사람들을 보겠는가?"

소무는 다시 칼을 뽑아 자신의 목덜미를 찔렀다. 위율이 황급히 소무를 덮쳤다. 하지만 소무는 이미 목덜미에 중상을 입은 뒤였다. 위율은 얼른 의원을 불러 소무에게 약을 먹게 하자 차츰 의식을 되찾았다. 상혜는 소무를 정성껏 돌보았다. 우상을 도운 장승은 감옥에 갇혔다.

흉노 선우는 소무의 행동에 감동하여 아침저녁으로 사람을 보내 안부를 물었다. 선우는 소무의 부상이 완치되면 위율을 보내 다시 귀순을 권할 생각이었다.

위율은 흉노 선우의 명령에 따라 우상을 사형에 처하고 장승을 칼로 위협했다.

"그대는 하나라 사신으로 우상과 공모해 선우의 신하를 살해하려

했다. 그대도 죽을죄를 지었지만 선우께서는 투항하면 목숨을 살려준다고 하셨다. 하지만 투항하지 않는다면 내가 목을 벨 것이다.”

장승은 죽음이 두려워 투항하고 말았다. 위율은 소무를 돌아보며 말했다.

“당신의 부관이 죽을죄를 지었고 당신도 투항하지 않는다면 죽음을 면치 못할 것이요.”

위율은 다시 칼을 들어올렸다. 하지만 소무는 목을 꼿꼿이 세우고 미동도 안 했다. 소무의 의연한 모습에 오히려 위율이 움츠러들었다.

“나도 어쩔 수 없이 투항했소. 하지만 선우의 큰 은혜로 왕의 작위를 받았고 수만 명의 군사를 거느리고 있소. 게다가 많은 가축을 소유하고 부귀영화를 누린다오. 지금 투항하면 나처럼 살 수 있을 것이오. 하지만 끝내 거부한다면 황량한 사막에서 개죽음을 당할지도 모르오.”

소무는 묵묵부답이었다. 그러자 위율이 또 말했다.

“투항한다면 당신과 형제의 의를 맺겠소. 하지만 내 권유를 듣지 않는다면 다시는 나를 볼 생각도 하지 마시오.”

소무는 위율을 통렬히 꾸짖었다.

“한나라 신하로 조정의 은혜와 군신 간의 신의를 생각하지 않고 흉노에게 투항한 매국노를 내가 무엇 때문에 만나겠소? 더욱이 선우가 당신을 신임해 생사여탈의 권한을 주었는데 공정하게 심판하기는커녕 도리어 두 나라가 서로 다투게 만들려 하니 이는 스스로 화를 키우는 것이오. 남월은 한나라 사신을 죽였다가 결국 한나라에 멸망당하고 말았고 대원은 한나라 사신을 죽였다가 국왕의 머리가 한나라의 성에 높이 내 걸리게 만들었소. 당신은 내가 투항해 거짓으로 흉노를 돕지는 않을 것임을 잘 알고 있소. 때문에 나를 죽여서 두 나라 사이에 전쟁을 일으키게 만들 생각을 하는 거요. 흉노의 재난은 나를 죽이는 데서 시작될 것이오.”

소무가 투항하지 않을 것을 결심하자 흉노 선우는 소무를 지하 감옥에 가두고 음식물을 주지 말도록 명령했다. 소무는 내리는 눈을 받아먹고 깔고 있던 담요를 찢어 씹으며 여러 날을 버텼다. 그러자 소무를 무인지경인 북해로 보내 양을 치게 했다.

북해에 도착한 소무는 들짐승의 둥지에 기거하며 풀뿌리를 파먹으며 허기를 달랬다. 소무는 양을 치면서 한나라 사신의 깃발을 세워두었다. 세월이 지나면서 깃발은 빛이 바랬지만 소무는 그것을 신의 생명처럼 여겼다.

『한서漢書』를 집필한 반고班固는 소무의 전기를 쓰면서 “지사志士와 인인仁人은 죽음을 두려워하여 인을 해치지는 않으며 생명을 바쳐 인을 온전히 한다.”는 말로 소무의 불굴의 정신을 기렸다.

　　한 가정이 인하면 나라가 흥인(興仁)하고, 위에 있는 자가 인을 좋아하는 데 아래에 있는 자가 의를 좋아하지 않는 일이 없으며(大學), 인하면서 부모를 버리는 일은 없고 의하면서 임금을 버리는 일은 없다(孟子). 인은 마음의 덕이요, 가정의 보배요, 위정의 근본이요, 만물과 일체이다. 그러므로 배우는 이는 먼저 인을 알아야 한다고 하였다.

정신적 경지를 제고한다

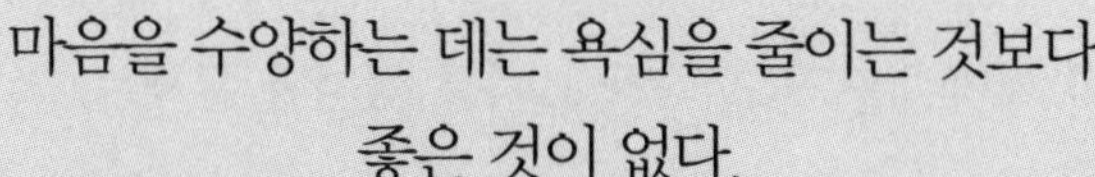

마음을 수양하는 데는 욕심을 줄이는 것보다
좋은 것이 없다.

양 심 막 선 어 과 욕
養心莫善於寡慾.

『맹자 (진심)』

수나라 개국황제 문제는 여느 황제와는 달리 자신이 거처하는 방을
무척 소박하게 꾸몄으며 궁중의 비빈들에게는 무명옷을 입혔다. 또
낡은 수레를 타고 다녔는데 설령 망가지더라도 교체하기보다는 수리
해서 사용했다. 평소 먹는 음식도 소박했다. 끼니마다 비린내 나는 음
식은 한 가지만 올리도록 제한했는데 만약 이를 어기면 밥상을 물리
고 요리사를 처벌했다.

한 번은 한 지방 관리가 문제를 배알하면서 환심을 사려고 능라 비
단을 바쳤다.

"폐하! 소신이 좋은 비단을 준비하였습니다."

문제는 화를 내며 고함을 질렀다.

"내가 절약 정책을 펼침을 진정 몰랐더냐? 이 자에게 곤장 50대를 쳐라."

시종들이 지방관을 끌고 나가 볼기를 쳤지만 문제는 그래도 화가 풀리지 않았다.

"저 비단을 모조리 불태워라."

문제의 의지가 이처럼 확고했기 때문에 아랫사람들은 감히 이를 어길 엄두를 내지 못했다. 당시 지식인들은 무명옷을 입었으며 구리나 골각骨角으로 만든 장식품을 패용했다. 금은보배로 만든 장식품은 일체 사용하지 않았다.

한번은 관중 지방에 큰 기근이 들었다. 문제는 사신을 보내 백성들이 어떻게 지내는지 알아보게 하였다. 사신은 백성들이 가축과 똑같은 음식을 먹는다면서 수집해 온 콩깍지와 쌀 찌꺼기를 문제에게 보여주었다. 문제는 몹시 슬퍼하며 눈물을 흘렸다.

"지금 백성들은 이런 것을 먹고 있고. 이것이 어찌 사람의 생활이라고 할 수 있겠소? 정녕 백성들을 볼 면목이 없소."

문제는 눈물을 흘렸고 대신들은 크게 감동했다.

문제는 자신의 과실을 진지하게 자책하고 평소에도 검소한 식사를 더욱 간소하게 줄였다. 술과 고기는 아예 입에 대지도 않았다. 문제의 아들인 진왕 양광은 부친의 뜻을 거스르고 궐 밖에 거대한 저택을 짓고 화려하게 치장했다. 문제는 이러한 사실을 알자 즉시 양광에게 내린 작위를 거두어들이고 그를 햇빛조차 들지 않는 어두운 방에 감금했다. 그러자 대신들이 양광을 용서하라며 청원을 올렸다.

"나는 한 나라의 군주다. 반드시 법령에 따라 엄정하게 처리해야 한다. 황제의 자식이 법을 어겼어도 처벌하지 않으면 내가 어떻게 천하를 다스릴 수 있겠으며 사람들이 어떻게 나를 믿고 따를 수 있겠는가?"

문제가 절약을 강조하고 물욕을 억제한 정책은 수나라의 경제 발전에 크게 기여했다.

지혜의 창

맹자가 욕심을 줄이라고 하는 것은 사람에게 생리적인 욕구와 물질에 대한 기본적인 욕망을 버리라는 것은 아니다. 다만 이를 정도에 맞게 다스리라는 것이다.

정신세계의 올바른 추구를 버리고 오직 생리적 욕구와 물질적 욕망만을 추구한다면 타고 난 착한 본성을 잃고 짐승처럼 될 것이다. 결국 맹자가 강조한 욕심을 줄이라는 것은 정신적 경지를 제고하고 건강한 삶을 살아갈 때 주어지는 긍정적 역할을 말한다. 자신을 절제하고 검소함을 중시하는 전통적 미덕을 발전시켜야 한다.

임금이 바르면 나라가 안정된다

북주北周의 무제 우문옹은 검소한 생활로 널리 알려진 군주이다.

무제는 황제의 자리에 있는 7년 동안 일곱 차례나 검소와 절약을 강조하고 궁중의 지출을 줄일 것을 요구하는 조서를 내렸다.

562년 겨울 무제는 이런 조서를 내렸다.

"임금을 두어 세상을 다스리게 한 것은 백성들을 교화하고 잘 보살피게 하려는 것이니 어찌 자기 신분의 존귀함과 지위의 사치스러움에만 관심을 가질 수 있겠는가? 그러므로 요 임금은 거친 갈옷을 입고 거친 음식을 먹었다. 나는 임금의 자리에 있으면서 매우 부끄럽다. 지금 세상이 평정되지 않아서 많은 군비가 지출되므로 백성들의 생활이 무척 곤궁하다. 그러니 내게 올리는 의복과 음식을 비롯해 일상용품은 모두 궁중에 나눠 주어라. 나는 오늘부터 그 사용량을 줄일 것이다. 각급 관청에서도 비용 절감을 깊이 생각하라."

572년 봄, 무제는 또 다음과 같은 조서를 내렸다.

"정치가 편안해지려면 먼저 백성들을 고달프게 만들지 않아야 한다. 정치를 안정시키려면 먼저 백성들에 대한 요역을 그쳐야 한다. 예전에 백성들을 멋대로 징발해 대규모 토목공사를 벌이고 전쟁을 벌여 농사가 엉망이 되었다. 지난해에는 병충해로 수확이 좋지 못하여 백성들은 먹고 살기 위하여 고향을 떠났다. 나는 해마다 경계하는 마음을 갖겠다고 엄숙히 맹세한다. 이제부터는 법령에 정해진 부역 이외에는 함부로 징수하거나 징발하지 말라. 그러면 나라는 창성하고 백성들은 부유해질 것이다. 이것이 내가 바라는 바이다."

573년, 무제는 또 조서를 내렸다.

"정치의 근본은 절약에 달려 있다. 예법에 따르면 검소해야 하지만 근래에는 호화스러운 혼례로 재물을 탕진한다. 관청에서는 마땅히 이를 제지해야 할 것이다."

무제가 검약을 숭상하고 실천한 것은 역사적으로 미담으로 전해진다. 무제의 민본 사상은 후세에 긍정적인 영향을 미쳤다. 이는 맹자가 강조하는 '상행하효上行下效'의 이치를 잘 보여주고 있다.

지혜의 창

맹자는 공자의 '상행하효上行下效'와 '정기정인正己正人'을 계승하여 군주의 자기 수양이 국가 경영에 있어 중요함을 강조했다. 아울러 군주에게 엄격한 도덕적 모범을 보이기를 요구한 것으로 후세에 큰 영향을 미쳤다. 역대로 훌륭한 군주와 많은 정치가들이 맹자의 영향을 받았고 이는 사회 발전에 크게 도움을 주었다.

목적을 이루는 방법

> 물은 구덩이를 가득 채우고 나서 흘러간다.
>
> 영 과 이 진
> **盈科而進**
>
> 『맹자 (이루)』

전국 시대에 제나라는 연나라를 공격해 왕을 죽여 그 시체를 젓에 담구는 만행을 저질렀다. 혼란에 빠진 연나라는 백성들의 추대로 소왕을 왕위에 올렸다. 소왕은 즉위하자마자 제나라에 대한 복수심에 불타 절치부심했다.

어느 날, 소왕은 신하 곽외에게 말했다.

"제나라는 우리나라가 혼란한 틈을 타서 우리 땅을 침범했소. 그러나 우리 연나라는 원래 작은 나라여서 도저히 복수할 수가 없소. 뛰어난 인물을 얻어서 함께 나랏일을 의논하여 선왕의 수치를 씻는 것이 내 소원이오. 선생은 그런 인물을 구해 주시오. 나는 그를 스승으로 섬기겠소."

곽외는 이렇게 대답했다.

"옛날 임금이 가까운 신하에게 1천금을 주고 하루에 천하를 달리는 천리마를 구해 오라고 했습니다. 그런데 그 신하는 5백금을 주고 죽은 천리마의 뼈를 사가지고 왔습니다. 임금이 성을 내면서 꾸짖으니 신하는 이렇게 말했답니다. '이 나라에서 죽은 말의 뼈도 5백금을 주고 사니 정말 살아 있는 준마라면 얼마나 많은 돈을 줄지 모를 일이라는 소문이 나면 머지않아 천리마를 끌고 오는 사람이 있을 것입니다.' 과연 얼마 안 되어 천리마를 세 마리나 구하게 되었다고 합니다. 지금 왕께서 뛰어난 인물을 얻어야겠다고 생각하시면 우선 변변치 않은 저부터 시작해 보십시오. 그러면 저보다 훌륭한 사람이 천 리가 멀다하지 않고 찾아올 것입니다."

소왕은 곽외에게 새 집을 지어주고 스승으로 대접하였다. 이것을 소문으로 전해 들은 천하의 뛰어난 선비들이 연나라로 모여들었다. 그 가운데는 지략 있는 장수 악의도 있었다. 훗날 소왕은 악의를 장군으로 삼아서 제나라를 공격하였다. 악의는 곧장 제나라 서울 임치(오늘의 산둥성)로 쳐들어갔고 제나라 왕은 서울을 버리고 위나라로 달아났다. 악의는 승승장구하여 여섯 달 동안에 70여 개의 성을 함락시켰다.

맹자는 천하의 민심을 얻어 왕이 되려면 가까운 사람부터 사랑하는 마음을 확대해 가야 한다고 주장했다. 그는 이런 방법이란 물이 흘러갈 때 앞에 있는 구덩이부터 채우며 차근차근 진행해 가는 것에다 비유했다. 이것이야말로 세상 사람들에게 사랑을 베풀어 천하의 민심을 얻고 왕이 되는 방법이라고 강조하였다.

궁극적인 목적은 모든 사람의 마음을 얻는 데 있지만, 먼저 가까이 있는 사람의 마음을 얻는 일부터 시작해야 한다고 했다. 최종 목표 달성에만 집착하여 차근차근 쌓아가는 과정을 생략하거나 노력이 없이 더 큰 일을 추구한다는 명분으로 가까운 사람들을 소홀히 한다면 그 성과는 자칫 모래 위의 누각에 지나지 않는다고 하였다.

마음의 중심을 세운다

맹자가 말하는 '큰 놈'은 '마음'이다. 우리의 몸에는 큰 몸과 작은 몸이 있는데, 큰 몸은 '심心'이고 작은 몸은 '오관五官'을 가리킨다. 큰 몸을 추구하면 큰 사람大人이 되고 작은 몸을 추구하면 작은 사람小人이 된다고 말했다. 우리의 오관에 잡히는 모든 대상들은 상대적이어서 크고 작고 잘나고 못나고 많고 적음이 항상 비교 대상이 된다.

맹자의 "큰 놈을 세우라." 즉 "마음을 우뚝 세우라."는 외부 조건에 흔들려서 중심을 잡지 못하면 인격이 제대로 형성될 수 없고 지도자로서도 자격 미달이라는 뜻이 된다.

제나라 추기라는 사람은 팔 척의 신장에 아주 잘 생긴 미남이었다. 어느 날 아침 옷을 입고 관을 쓰면서 아내에게 물었다.

"당신이 보기에 나와 성威 북쪽에 살고 있는 서공과 누가 더 잘 생긴 것 같소?"

아내가 웃으며 대답했다.

"당신이 훨씬 더 잘 생겼지요, 서공이 어찌 당신만 하겠어요?"

그러나 서공은 제나라에서 미남이라고 소문이 자자한 사람이었다. 추기는 자기가 서공보다 잘생겼다는 아내의 말이 못 미더워 첩에게 물었다.

"나와 서공을 비교하면 누가 더 잘생겼다고 생각하는가?"

"서공이 어찌 당신을 따를 수 있겠어요?"

첩도 간단히 대답하였다. 며칠 후 손님이 찾아와 이야기를 나누게 되었는데 이 사람에게도 물어보았다.

"나와 서공 가운데 누가 더 잘생겼나요?"

"서공은 당신만 못합니다."

손님도 같은 대답이었다. 다음 날 서공이 찾아왔는데 여러모로 자세히 살펴보니 추기는 자기가 서공보다 더 못난 것 같다고 생각되었다. 혼자 거울을 보면서 자기가 서공보다 못났다고 확신하였다. 저녁에 잠자리에 누워서 생각하였다.

"내 아내는 나만 사랑하니까 내가 잘생겼다고 생각할 것이다. 첩은 내 눈치를 보니까 나를 잘생겼다고 대답한 것이다. 손님은 나에게 바라는 것이 있기 때문에 내가 더 잘생겼다고 말할 수밖에 없다.”

예나 지금이나 잘생긴 남자가 선망의 대상인가 본다. 추기라는 사내는 잘생겼으면서도 그 문제로 불안해한다.

지혜의 창 

　　잘생긴 사람을 놓고 비교하면 자기보다 잘생긴 사람이 많고, 아래로 비교하면 자기보다 못생긴 사람도 많다. 이러한 비교로 자신을 평가하면 늘 안정된 결론을 내릴 수 없다.

추기처럼 세상에 자기를 내놓고 비교하기 시작하면 의심은 끝이 없고 판단은 정확하지 않다. 그러므로 마음의 중심을 잡기 위해서는 “내 마음을 우뚝 세운다.”는 말을 새겨 두는 것이 좋다.

삶의 자세

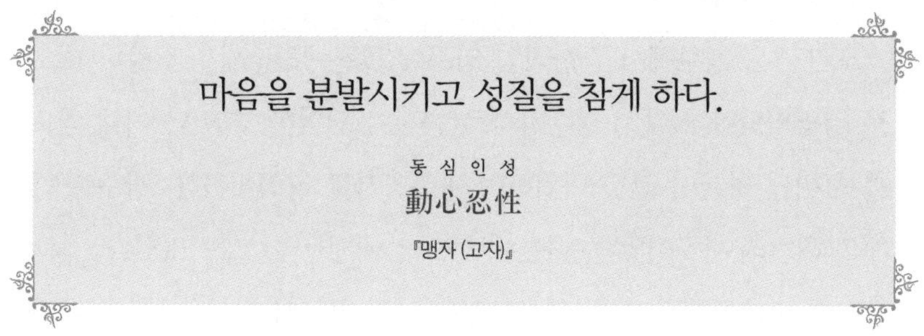

'동심인성動心忍性', 이는 노심초사하여 인내심을 가지고 노력하는 사람의 마음을 묘사하는 말이다. 미래를 준비하며 오늘을 사는 사람들은 힘들더라도 그것이 결국 자기를 살리는 고통이라는 것을 알기 때문에 참아낼 수 있다.

도간(중국의 유명한 시인 도연명의 증조할아버지)은 어린 시절에 아버지를 잃고 홀어머니 아래서 어려운 생활을 하였다. 그때 한 고위 관리가 도간의 집을 찾아 왔는데 그의 어머니는 집이 가난하여 귀한 손님을 대접할 방법이 없었다. 생각 끝에 자신의 머리를 잘라 팔아서 손님께 술과 음식을 대접하여 보냈다. 뒤에 그 고관이 이런 훌륭한 어머니는 반드시 아들을 바르게 교육시켰을 것을 알고 도간을 나라에 추천하여 벼슬길을 터 주었다.

도간陶侃은 형주에서 군사적인 임무에 많은 공을 세우고 강하 태수로 임명되었다가 다시 형주자사로 승진이 되었다. 그러나 이때 역모를 꾸미던 왕돈이 그를 미워하여 광주자사로 좌천시켰다. 광주는 남쪽의 해변의 시골이었다. 울분에 찬 도간에게는 할 일도 없었다.

이때 도간은 매일 아침 일어나면 집안의 가구와 그릇을 내놓았다가 날이 저물면 다시 집안으로 들여 놓곤 하였다. 주변 사람들이 그 생각을 알 수가 없어 물었다.

“사또께서는 무슨 일로 매일 같이 가구를 내놓았다가 들여놓았다가 하십니까? 힘들지 않으십니까?”

“왜 힘이 들지 않겠는가? 그러나 일부러 힘든 것을 만들어 내 몸을 단련하는 것이네. 나는 앞으로 큰 뜻을 펼치려는데 몸이 게을러지고 정신이 해이해지면 무슨 일을 하겠는가? 그래서 일이 없는 데에도 일을 만들어 몸을 단련하네.”

그 뒤 도간은 다시 형주자사가 되니 형주의 백성들이 춤을 추며 기뻐했다.

언젠가는 배 만드는 목수들이 쓰고 남은 대나무 조각과 톱밥을 쓰레기로 버리는 것을 보고 이것을 긁어다 모아 두었다. 눈이 내린 뒤에 조회가 있던 날 마당에서 절을 해야 하는데 땅이 매우 질어서 사람들이 앉을 수가 없었다. 그 때 평소에 모아두었던 톱밥을 마당에 까니 안성맞춤이었다. 그 뒤에 서촉을 치기 위해서 배를 손질하는 데에 대나무 못이 많이 필요하였다.

이때 도간은 평소에 모아 두었던 대 조각을 유용하게 사용하였다. 비록 보잘 것 없는 사소한 것이지만 그냥 보아 넘기지 않고 장래를 위하여 준비해 두고는 하였다. 그런 도간은 안에 들어와서는 어진 정치를 펼치고 밖에 나가면 명장으로 많은 공을 세웠던 것이다.

지혜의 창

사람은 먼저 자신을 통제할 줄 알아야 한다.

자기 한 몸을 통제하지 못하고 어떻게 남을 통솔할 것인가.

노여움, 그 밖의 격렬한 폭발적인 감정 따위는 모두 자신을 통솔하지 못한 증거이다.

사람은 남한테 저항하는 것보다 먼저 자기 자신에게 저항해야 한다.

나 자신을 극복하는 것이 남에게도 이기는 것이다

－힐티

조장과 변통

치열한 경쟁사회에서 도전하고 열심히 일하기만 한대서 모두 뜻대로 좋은 결과를 내는 것은 아니다. 잘해 보겠다고 한 일이 오히려 나쁜 결과로 나타나는 경우가 흔하다.

송나라의 한 농민은 자기 논의 곡식이 잘 자라지 않아 고민에 빠져 있었다. 그러던 어느 날 집에 돌아와서 가족들에게 말하였다.

"오늘은 밭일을 너무 많이 했다. 몸살이 날 것 같다."

가족들은 이상하여 무슨 일을 그렇게 많이 하였는지 물었다.

"밭에 가 보았더니 우리 곡식이 남의 것보다 훨씬 키가 작았다. 그래서 하나하나 뽑아 당겨서 키가 커지도록 도와주었다.”

아버지 말을 들은 아들이 부랴부랴 밭에 가보니 벌써 곡식들은 다 시들어 죽어갔다.

이 이야기는 맹자에 나오는 ‘조장(助長 : 자라나게 도와준다)’ 이란 말인데, 내용을 보면 ‘억지로 키운다.’는 뜻이다. 맹자는 인격을 닦는 방법으로 “억지로 빠르게 하지 말 것, 그러나 마음속에서 목표를 잊지 말 것, 그리고 조장하지 말 것.”을 말하였다.

어떤 일은 신경을 써서 간섭할수록 뒤틀리게 되는 것이 있다. 간섭해서는 안 될 일을 간섭했거나 시기가 적절하지 않았기 때문이다. 그래서 바둑을 둘 때도 ‘두기 어려운 곳은 일단 내버려 두는’ 방법을 쓰는데, 다른 곳에 두다 보면 그 복잡한 부분이 자연히 풀리기도 하기 때문이다.

이와 달리 『주역周易』에는 ‘변통變通’이란 말이 있다. ‘변통’은 항상 변화에 능동적으로 대처한다는 뜻이다. 세계는 쉬지 않고 변화한다. 과거에는 꼭 필요했기 때문에 만든 제도와 규칙이 지금 와서는 거추장스럽거나 실정에 맞지 않는 것도 있다.

사회의 변화 속도가 빠를수록 이런 현상은 더욱 자주 일어난다. 과거의 상황에는 잘 맞던 제도와 규정이 지금은 사람들의 행동과 업무를 제약하고 방해할 때, 또는 새로운 규정을 만들어야 할 상황이 닥쳤을 때, 이것을 원활하게 고치는 ‘변통’이 꼭 필요하다.

우리가 자주 쓰는 “궁하면 방법을 바꾸고 방법을 바꾸면 문제가 해

결된다."는 뜻으로 풀이된다. 그러므로 우리는 변화하는 상황에 대처하여 끊임없이 변통하는 노력을 기울여야 한다. 변통하지 않으면 문제가 쌓이고 쌓여 패망에 이르고 만다.

지혜의 창 

　　급변하는 세계 정세와 사회 현실에 대응하는 조치를 취해야 한다. 그런데 먼저 그 노력이 '조장'인지 '변통'인지를 생각할 필요가 있다. 기다려야 할 일이나 손을 대면 오히려 나빠질 것이 뻔한 일에 열심히 매진하면 상황은 더욱 악화된다.

자라고 있는 묘苗를 급하다고 열심히 뽑아 올릴수록 묘는 시든다.

천리안

맹자는 제나라 선왕이 어진 정치를 하고 싶은 욕구가 있다고 보았다. 그래서 왕에게 물었다.

"왕께서 백성을 아끼는 정치를 좋게 여기신다면 왜 그것을 실행하지 않습니까?"

"저는 나쁜 버릇이 있습니다. 저는 재물을 좋아합니다."

"옛날에 훌륭한 사람도 재물을 좋아했습니다. 왕이 재물을 좋아하시더라도 백성들과 함께 가진다면 왕 노릇 하는 데 무슨 어려움이 있겠습니까?"

"저는 또 다른 버릇도 있습니다. 저는 미인을 너무 좋아합니다."

"옛날에 덕 많으신 태왕도 미인을 좋아했습니다. 그러나 그때는 서민들 중에 시집을 못 간 여자가 없고 장가 못 간 남자가 없었습니다. 왕이 미인을 좋아하시더라도 백성들과 함께 즐긴다면 훌륭한 왕이 되는 데 무슨 어려움이 있겠습니까."

북위北魏 때 양일은 젊은 나이에 광주의 지방장관이 되었다. 이전에는 관리나 군인이 부임해 오면 반드시 잔치를 열고 뇌물을 바쳤는데 그런 일이 없어졌다. 관리들은 도시락을 가지고 다니고 누가 은밀히 식사 대접을 하려고 해도 받지 않았다. 이렇게 태도가 돌변한 까닭을 관리들에게 묻자 대답하였다.

"양 장관은 천리안을 가지고 있어서 먼 데서 일어나는 일도 환히 보니 어찌 속일 수가 있겠는가."

사람이 어떻게 천리 밖을 보는 눈을 가질 수 있을까? 양일은 서민이야말로 가장 소중한 백성이라고 생각했다. 그래서 관리가 으스대고 백성들을 함부로 대하는 일은 어떻게 해서라도 막을 결심이었다. 그래서 다스리는 지역 안에 사람을 풀어놓고 관리나 군인들의 행동을 조사하고 보고하도록 하였다. 관리나 군인들이 그를 두려워했다.

한번은 전쟁에다 기근까지 겹쳐 굶어 죽는 사람이 많았다. 이때 양일은 식량 창고를 열어 굶는 사람들에게 나눠주라고 했다. 창고 담당자가 중앙정부의 명령에 따라야 되지 않는가를 걱정하자 양일은 말하였다.

“나라의 뿌리는 백성이다. 백성의 목숨을 잇게 하는 것은 식량이다. 식량을 두고 백성들을 굶어 죽게 해서야 되겠는가. 창고를 열라. 이것이 죄라면 내가 달게 받겠다.”

사람들은 “양 장관은 낮에는 먹는 일도 잊고 밤에는 잠자는 것도 잊으며 우리들을 위해 일해 주신다.”고 칭송하였다. 자기가 관리하던 지방의 서민들을 생각하는 마음에서 ‘천리안’의 신화가 창조되었다. 이러한 위민 정신 곧 백성을 위한 정치 사상은 맹자의 정치 철학에 연결되었다.

지혜의 창

옛 지도자들의 아랫사람을 아끼는 정신은 ‘백성을 위한’ 정치 철학으로 발전하였다. 미인을 좋아하는 일까지도 백성들과 함께 즐긴다면 허물이 아니라고 맹자는 말하였다. 여기에는 군림하는 지도자가 아니라 백성들과 함께하며 백성들을 위하여 봉사하는 지도자의 형상이 보인다.

십인십색

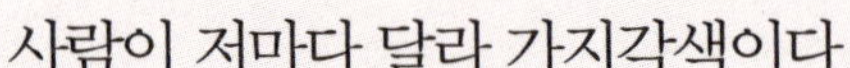

사람이 저마다 달라 가지각색이다.

십 인 십 색
十人十色

『맹자 (고자)』

옛날, 한 고을에 공부 안 하기로 소문난 선비가 있었다. 어느 날 갑자기 비가 내리는 바람에 지나가던 선비가 이 집에 들러 잠깐 신세를 졌다. 할 일 없이 방에 있던 주인 선비가 갑자기 심부름꾼을 불러서 서고書庫에 가서 책을 가져오라고 하였다.

처음에 심부름꾼이 문학 서적을 들고 오자 물끄러미 보더니 '낮다.'고 말하였다. 다시 수준 높은 역사책을 가져 오자 또 '낮다.'고 하였다. 이번에는 심부름꾼이 어려운 철학 책을 들고 왔는데 역시 '낮다.'고 하는 것이었다.

옆에서 보던 손님 선비는 속으로 놀랐다. 저런 책들은 좋은 책들인데 모두 '수준이 낮다.'고 하니 이 집 주인은 얼마나 학식이 높은 사람인가 하는 생각이 들었다. 그러나 조금 뒤에 주인은 심부름꾼이 가져온 세 종류의 책을 다 쌓아 올려서 베개로 삼고는 낮잠을 즐기는 것이었다.

사람의 얼굴이 다르듯이 사람들의 생각하는 방법에도 차이가 있다. 어쩌면 조금의 차이가 아니라 전혀 엉뚱하다고 할 수도 있다. 그래서 십인십색+人+色이라는 말이 나온 것 같다.

공부하는 사람들은 책의 내용을 중시하기 때문에 '낮다.'는 말을 "베개로 베고 잠자기에 낮다."는 뜻으로 알아듣기 어렵다. 귀중한 책을 어떻게 베고 잔단 말인가. 그러나 세상에는 그런 사람이 있다.

사람의 마음속을 들여다볼 수 없으므로 남이 무슨 생각을 하는지 알기란 쉽지 않다. 그런데 인간관계에서 사람들은 특히 남의 생각을 알아내고 싶어 한다.

지혜의 창

인간의 마음에는 '인지상정人之常情' 이라는 것이 있다. 사람 마음의 공통부분을 알고 또 개인의 특성을 알면 인간을 이해하는 데 이롭다. 물론 한 개인을 알려면 면밀한 관찰과 연구가 필요하다.

학습은 평생 작업

맹자는 일찍 학습의 중요성을 크게 강조했다. 사람은 공부하는 자세로 끊임없이 자신을 발전시켜야 한다는 것이다. 맹자의 '학습 정신'은 오늘을 사는 우리에게도 중요하게 들릴 수밖에 없다.

현대는 지식 경제 시대다. 새로운 과학과 지식이 끊임없이 출현한다. 이러한 시대에 발 맞춰 자신을 무장하고 발전시켜야 한다. 그러기 위해서는 학습이 평생 작업임을 인지해야 한다. 지식 경제 시대의 특징 중 하나는 인터넷 정보 기술이 하루가 다르게 발전한다는 것이다. 끊임없이 배우고 자신의 부족한 면을 채우지 않으면 낙오자가 될 수

밖에 없다. 언제 어디서나 자신을 재충전하는 일을 잊지 말아야 한다. 의욕과 열정으로 뭉친 사람이라도 재충전은 필수다.

책에서 배우는 지식은 기본적이다. 책 속의 지식을 충분히 흡수하고 행동으로 표출시킬 수 있어야 한다. 이런 관점에서 볼 때 사회는 엄청난 지식을 담는 초대형 '책'이라고 할 수 있다. 쉬지 않고 이 '책'을 펼쳐 보아야 한다. 누구든 새로운 일을 맡아 금방 요령을 터득하기란 쉽지 않다. 대개는 끝까지 임무를 완수하지 못하고 중도에서 포기한다. 그러나 처음에는 시행착오를 겪다가도 남의 도움을 받고 열심히 노력하여 성공을 거두는 사람도 있다. 사람은 누구나 다른 사람의 도움과 가르침을 받아 성장한다.

지혜의 창 ______

　　대부분 학교를 졸업하고 사회에 진출하면서 학구열은 식어간다. 이들에게서는 별다른 발전을 기대할 수 없다. 별로 뛰어난 성적을 올리지 못했으나 사회에 진출한 후에 꾸준히 배우고 노력하여 성공한 사람들이 적지 않다. 꾸준히 노력하는 사람은 절대 퇴보하지 않는다. 시간이 지날수록 더 크게 성장한다. 이런 사람은 세계 흐름에 민감하게 적응하며 하루가 다르게 발전해 간다.

우유부단하면 기회를 놓친다

맹자가 양나라 혜왕에게 "부역과 세금을 줄여 백성들의 부담을 덜어 주어야 한다."고 말했다. 그럼에도 혜왕이 잘못된 것을 알면서 과감히 결정을 내리지 못하자, 맹자는 닭 도둑을 비유해 설명하며 냉정히 비판했던 것이다.

심리학자들은 사람들이 어떤 일에 선뜻 결정을 내리지 못하는 이유는 우유부단함 때문이라고 말한다. 세상에 더 좋은 것. 완벽한 것은 없다. 원칙에 벗어나지 않는 범위 안에서 서둘러 취사선택을 해야 한다.

그렇다면 우유부단한 성격을 극복할 방법은 없을까?

있다! 자신自信, 자주自主, 자강自强, 자립自立 할 수 있는 용기勇氣와 자신감自信感을 기르고 독립적인 성격과 의지義志를 키워야 한다.

미국 대통령 링컨은 취임 후 얼마 지나지 않아 6개 부분 각료 회의를 소집했다. 이 자리에서 링컨이 새로운 법안을 제안했는데, 각료들의 생각은 모두 제각각이었다. 링컨은 각료들의 의견을 충분히 검토해 봤지만 여전히 자신의 견해가 옳다고 생각했다.

최후의 결정이 내려지자 각각의 목소리를 내던 각료들은 한 목소리로 링컨의 의견에 반대했다. 하지만 링컨은 끝까지 자신의 결정을 굽히지 않았다.

"찬성하는 사람이 나 혼자이지만 내 결정에는 변함없습니다. 이 법안은 통과되었습니다."

얼핏 보면 링컨의 행동은 다수의 의견을 무시하고 자기 의견을 고집하는 독재자의 횡포와 다름없어 보인다. 하지만 사실 그렇지 않다. 링컨은 토론을 통해 각료들의 의견을 충분히 인지했으며 심사숙고 끝에 자신의 의견이 합리적이라는 결론을 내렸다.

토론이란 다양한 의견 중 가장 합리적인 방법을 찾아내는 과정이다. 토론을 거쳐 자신의 견해가 옳다는 것을 확인했다면 더 이상 망설

일 이유가 없다. 결정은 본래 다수가 내리지 못한다. 다수의 목소리를 들어야 하지만 결정을 내리는 것은 한 사람이다. 우유부단함은 좋은 기회를 놓치게 만들어 곁에 성공을 머무르지 못하게 만든다. 지금 마음속에서는 '꼭 해결할 거야.' 하면서도 결단을 내리지 못한다면 더 이상 미루지 말고 당장 행동하라.

지혜의 창

지식과 경험이 풍부한 사람일수록 결정 및 선택 능력이 뛰어나고, 반대 경우엔 능력이 떨어진다. 평소에 미리 생각하고 공부해야 중요한 순간에 뚜렷한 주관을 바탕으로 올바른 결정을 내릴 수 있다. 또한 외부 간섭이나 분위기에 휩쓸리지 말고 안정된 정서를 유지해야 한다. 그리고 처음부터 끝까지 상황을 치밀하게 분석한다. 이러한 과정은 결단력과 강한 의지를 키우는 데 도움이 된다.

세상 사람들 중 망설임이 없는 사람은 없다. 그렇다고 모든 상황에서 매번 망설여서는 안 된다. 망설임은 전전긍긍하며 결단을 내리지 못하게 만들고 일의 속도를 낼 수 없게 만든다. 강한 의지를 키움으로써 망설임을 줄여 의기소침함을 충분히 극복해 나가야 한다.

현대인의 병폐

남에게는 엄격하면서 자신에게는 관대한 사람이 많다. 이런 사람들은 남들의 존경을 받기 어렵다. 남들에게 존중받으려면 그럴 만한 인품을 지녀야 한다. 여기서 말하는 인품 중에 중요한 것은 자기관리이다.

맹자는 어떤 사람이 자기의 밭은 경작하지 않고 남의 밭에 가서 풀을 뽑으라고 참견하는 사람에 대한 비유를 말하며, 무슨 일에든 자기 할 일에 충실하도록 강조했다.

우리 속담에 "제 코도 못 닦는 주제에 남의 코 닦으려 한다."는 것과 같다. 다른 사람을 대할 때는 엄격하면서 자신에게는 너그러운 태도를 말한다.

윗사람일수록 자신에게 엄격해야 아랫사람들의 마음을 얻고 좋은 상하관계를 이룰 수 있다.

자신에게 엄격한 지도자가 되어야 아랫사람들에게 자율성을 강조할 수 있으며 바른 방향으로 인도할 수 있다. 지도자가 자율성을 길러 부하들의 귀감이 되려면 다음 몇 가지 조건을 갖춰야 한다.

첫째, 다른 사람의 감독을 기꺼이 받아들인다.

세계적인 패스트푸드 체인업체인 맥도날드의 사례를 보면 2000년대 초, 맥도날드는 팍스 아메라카나의 부패한 자본주의 상징으로 부각되어 심각한 경영난을 겪었었다. 이에 맥도날드 대표는 직접 각 부문 업무 실태를 조사하였다. 그 결과 각 부문을 책임지는 이사들이 위급한 경우에도 의자 등받이에 기대앉아 구태의연한 지시만 내리고 있음을 알아냈다.

대표는 당장 맥도날드 각 체인점에 점장의 의자 등받이를 없애라고 지시했다. 이것은 체인점 점장을 비롯해 각 부문의 사람들이 현장의 문제점을 직시하도록 만든 조치였다. 이러한 조치는 맥도날드 경영상태를 크게 호전시켰다.

둘째, 청렴하고 소박한 자세를 잃지 않아야 한다.

비록 사소한 일이라도 회사 전체에 엄청난 결과를 초래할 수 있기 때문이다.

대만 플라스틱그룹 회장 왕영경은 "근검절약은 최고의 미덕이며 방탕과 무절제는 최악의 오점이다."라고 말했다. 왕영경은 평생 이 말대로 행동했다. 그는 서류 봉투 하나를 서른 1번이나 재활용하고 쓰고 남은 작은 비누 조각을 새 비누에 붙여 쓴다는 것을 모르는 사람이 없다.

"아주 적은 돈이라도 차곡차곡 모아 유용하게 써야 한다. 이것은 절대 인색한 것이 아니라 훌륭한 정신의 모범이다."라고 말하였다.

훌륭한 지도자가 되는 일은 결코 쉽지 않다. 청렴하고 검소한 자세 역시 훌륭한 지도자가 되기 위한 필수조건 중 하나다.

지혜의 창

"남을 잘 다스리는 자는 자신도 잘 다스린다."는 말이 있다. 어느 회사든 치열한 경쟁을 이겨내야 발전한다. 이 과정에서 중요한 것은 회사의 리더가 명확한 자각의식을 지녀야 한다. 직원들이 시간을 엄수하길 바란다면 리더와 임원들이 먼저 모범을 보여야 한다. 아랫사람에게 책임을 물으려면 리더가 먼저 자신의 책임을 인지하고 행동해야 한다.

일폭십한

하루 햇볕을 쪼이고 열흘을 차갑게 내버려 두다.

일 폭 십 한
一暴十寒

『맹자 (고자)』

어느 날, 맹자는 다른 나라 왕에게 비유를 들어 이렇게 설득하였다.

"대부께서는 자기가 지혜롭지 않다고 의심하지 마십시오. 천하에 가장 잘 자라는 식물이라도 하루 햇볕을 쪼이고 열흘을 차갑게 내버려 두면 제대로 자랄 수 없습니다. 제가 가끔 뵈옵고 또 제가 물러가면 차갑게 하는 자들이 몰려오니 제가 싹을 틔운들 무슨 소용이 있겠습니까? 바둑의 수는 복잡한 수가 아닙니다. 그러나 정신을 집중하지 않으면 배울 수 없습니다. 혁추는 바둑의 국수國手로 온 나라에서 가장 잘 두는 사람인데, 그가 두 사람에게 바둑을 가르쳐 준다고 합시다. 배우는 사람 중에 하나는 온 마음을 다해서 몰두하고 오로지 혁추

"

의 말만 듣는데, 다른 한 사람은 강의를 들으며 한편으로 새 집을 놓을 궁리를 하고 있다면 함께 배우더라도 몰두하는 사람만 못할 것입니다. 잘못 배우는 사람은 지혜가 부족해서 그런 것일까요?"

지혜의 창

'일폭십한一暴十寒'은 하루 햇볕을 쪼이고 열흘을 차갑게 하면 식물이 잘 자라지 못하고 하루 햇볕을 쪼이는 효과는 나타나지 않는다는 말이다.

목표에 매진할 수 있는 환경이 우선이다. 학습에서도 나타난다. 맹자 어머니의 맹모삼천지교도 바로 환경이 인간을 변화시킬 중요한 요소가 됨을 보여준다. 그러므로 목표가 주어진다면 그에 걸 맞는 유리한 환경을 만들어 놓고 좋은 성과를 향해 달려야 한다.

제3장

다스림의
즐거움

안정된 것은 유지하기 쉽고
아직 조짐이 없을 때에는
도모하기 쉽다.
무르고 연할 때 풀기가 쉽고
미미할 때 흐트러지기 쉽다.
일이 생기기 전에 처리를 하고
어지러워지기 전에 다스려야 한다.

— 노자

자포자기

자신을 해치고 자신을 저버리다.

자 포 자 기
自暴自棄

『맹자 (이루)』

자포자기란 모든 일에 실망하거나 실패해서 자신의 형편이나 상황을 돌보지 않고 무방비하게 내버려두는 행동을 말한다.

맹자는 말했다.

"스스로를 해치는 사람과는 함께 대화를 할 수 없다. 스스로를 저버리는 사람과는 함께 행동을 할 수 없다. 말로써 예의를 비난하는 것을 자포自暴라 하고 인의에 입각한 실천을 행하지 못하는 것을 자기自棄라 한다. 인仁은 사람이 사는 편안한 집이요 의義는 사람이 걸어야 할 올바른 길이다. 편안한 집을 비워 두고 살지 않으며 올바른 길을 버려두고 가지 않으니 너무도 슬프구나!"

현실에서 뜻대로 되지 않아 좌절하거나 실의에 빠져 자신을 아무렇게나 다룬다면 그 끝의 절망은 삶을 피폐하게 만든다. 자포자기는 자신을 망치는 행위다. 스스로를 포기한다면 고통의 시간은 줄어들지 않는다. 자포자기에서 속히 벗어나 자신을 돌아보는 일이 무엇보다도 중요하다. 그 일이 오늘을 사는 우리에게 힘이 되어준다. 자기를 버리는 행위란 결국 죽음과도 같다.

정의의 용기

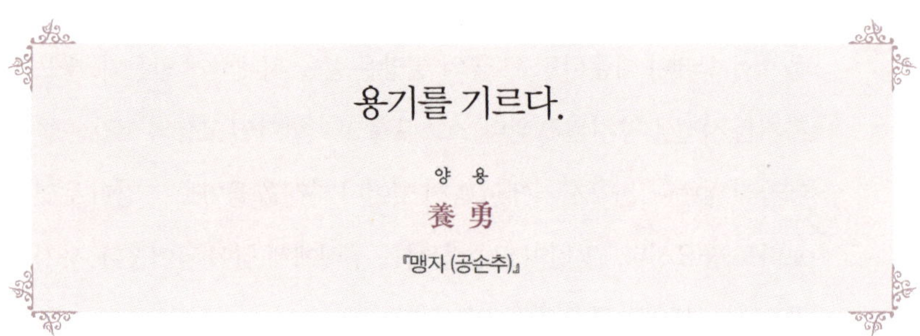

맹자는 용기를 기르는 세 종류의 양용법養勇法을 제시했다.

첫째, 신체를 단련하는 훈련법이다. 자객이나 건달의 용맹이 될 것이다.

"복궁유가 용기를 기르는 데 칼로 찔러도 꿈쩍하지 않았고 눈을 찔러도 눈동자를 피하지 않았다. 남의 털끝을 건드려도 여러 사람 앞에서 몽둥이로 맞은 것처럼 수치스럽게 생각하였고 거지뿐 아니라 천자에게도 모욕을 당하지 않았다. 자기를 나쁘게 말하는 자가 있으면 반드시 보복하였다."

둘째, 자기의 기백氣魄을 강화하는 방법이며, 전장에 나가는 장수의 용맹이다.

"맹시사가 용기를 기르는 데 '이길 수 없는 것도 이길 수 있는 것이라고 바꿔 생각한다. 적의 힘을 가늠해 승리를 계산한 뒤에 싸우는 것은 병력을 두려워하는 것이다.'라고 했다 맹시사孟施舍라고 어찌 항상 이길 수 있겠는가? 마음속에서 두려움을 완전히 없앨 수 있을 뿐이다."

셋째, 정의의 용기이다. 맹자는 증자가 공자에게 배운 용맹을 가장 높은 단계라고 보았고, 증자는 이렇게 말했다.

"나는 선생님으로부터 큰 용기에 대하여 들었습니다. 스스로를 되돌아보아 올바르지 않으면 하찮은 사람도 굴복시킬 수 없습니다. 스스로 되돌아보아 올바르면 천만인을 상대하더라도 나아갈 수 있습니다."

지혜의 창

스스로 되돌아보아 올바르다는 것은 자신의 행위가 정당하고 보편적인 명분을 가지고 있다는 뜻이다. 이런 용기를 가진 사람은 마음이 떨리지 않고 큰 임무를 수행할 수 있다. 육체적인 힘을 걱정할 것이 아니라 자기 행동이 올바른지 걱정해 볼 일이다.

약자가 살아남는 길

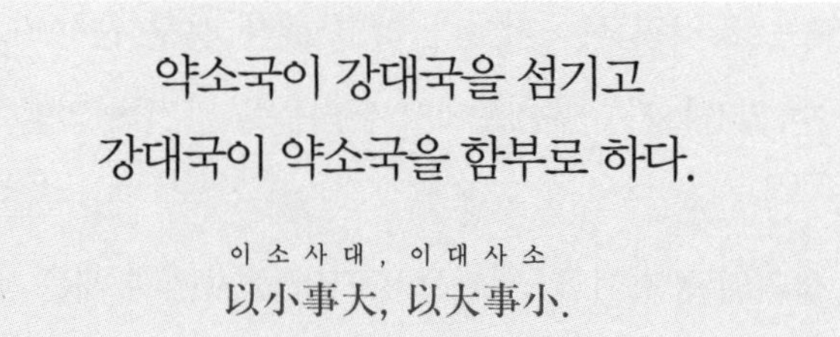

전국 시대, 맹자는 자기의 정치적 이상을 실현할 군주를 찾아서 여러 나라를 다녔다.

강대국인 제나라 선왕에게 기대를 걸었지만 결국 성사되지 못하고 다른 나라들을 떠돌게 되었다. 그 가운데는 약소국도 있었다. 맹자는 당시 국제질서를 "약소국이 강대국을 섬기고 강대국이 약소국을 함부로 해서는 안 된다."는 논리로 유세를 하였다.

등나라 문공은 왕이 되기 전부터 맹자를 존경해 왔는데, 왕위에 오른 뒤 맹자에게 자문을 구하였다.

"등나라는 작은 나라입니다. 힘을 다하여 큰 나라를 섬겨도 침략을 벗어날 수 없으니 어떻게 하면 좋겠습니까?"

"옛날 주나라 태왕은 북쪽 오랑캐들이 침입해 올 때 가죽과 비단으로 섬겼지만 침략은 계속되었습니다. 개와 말을 내주었어도 침략을 멈추지 않았고 아름다운 구슬과 보배를 바쳐도 마찬가지였습니다. 태왕은 마침내 노인들을 모아놓고 '오랑캐들이 바라는 것은 우리의 토지입니다. 군자는 사람을 길러 내는 수단인 토지 때문에 사람을 해치는 일은 하지 않는다고 들었습니다. 여러분은 임금이 없는 것을 걱정하지 마십시오. 나는 여러분의 안전을 위해 이 땅을 버리고 다른 곳으로 가겠소.' 하고는 기산 아래로 도읍을 옮겼습니다. 그러자 옛 지역에 살던 백성들이 시정의 장사꾼들 모이듯 몰려들었습니다. 또 어떤 사람은 '대대로 내려온 토지이므로 혼자 마음대로 어찌할 수 없는 것이다. 죽는 한이 있더라도 떠나서는 안 된다.'고 했습니다. 왕께서는 이 두 가지 가운데 한 가지를 택하도록 하십시오."

맹자는 작은 나라가 큰 나라를 섬기는 것과, 큰 나라가 작은 나라를 섬기는 것을 모두 이야기하였다. 이는 양육강식이나 패권주의가 아니라 공존의 인도주의를 이상으로 한 맹자의 정치 사상을 실현하기 위해서였다. 그러나 현실 속에서 인도주의 이상이 잘 통하지 않기 때문에 약자가 견디는 현실적인 방안을 말하지 않을 수 없었다.

인류의 역사 속에서도 완전한 인도주의는 실현된 적이 없다. 강자의 횡포와 힘의 질서로 유지되는 정치를 패도覇道 정치라고 한다. 패도의 질서가 지배하는 세계에서도 약자가 살아남는 길은 사대주의事大主義가 최선은 아니다. 인류 역사가 나아갈 방향을 미리 보고 보편적 가치를 실현하고자 노력해야 할 것이다.

의리로 이익을 다스리다

왕께서는 하필이면 이로움을 말씀하십니까?
인仁과 의義라는 것이 있을 뿐입니다.

왕 하 필 왈 리 ? 역 유 인 의 이 이 의
王何必日利? 亦有仁義而已矣.

『맹자 (양혜왕)』

혜왕(양나라)이 맹자를 처음 보자 이렇게 물었다.

"천 리를 멀다 않고 오셨으니 우리나라에 큰 이익이 생기겠지요?"

"왕께서는 하필이면 이로움을 말씀하십니까? 인仁과 의義라는 것이 있을 뿐입니다. 인을 행하는 사람치고 어버이를 버리는 사람은 없으며 의를 추구하는 사람치고 자기 군주를 배반하는 사람은 없습니다. 왕께서는 인의의 도리를 행해야만 국가 경영의 근본을 붙잡을 수 있습니다. 어찌 근본을 버리고 이익을 말씀하십니까?"

서한 시대 때 목동이었던 복식[卜式]은 아우에게 집, 밭 등 모든 재산을 넘겨주고 자신은 양 백 마리를 이끌고 산골로 들어갔다. 10년의 세월이 흘러 양떼는 크게 번식하여 부유해졌다.

이 무렵 한나라 무제는 변방의 흉노와의 끊임없는 전쟁으로 위기에 처해 있었다. 그리하여 무제는 재물을 헌납하는 자에게는 벼슬을 내리고 죄수도 풀어준다는 포고를 내렸다.

복식은 나라의 어려운 상황을 알자 한 무제에게 편지를 올렸다. 복식의 편지를 본 무제는 복식을 궁궐로 불러들였다. 사신이 복식에게 물었다.

"당신이 재산 절반을 바치고 벼슬을 얻겠다고 하였소?"

"저는 어려서부터 양을 길렀습니다. 관리가 될 지식은 배우지 못했으며 관리가 될 마음도 없습니다."

"그럼, 무슨 억울한 일이라도 있소?"

"저는 이제껏 남과 다툰 적조차 없습니다. 가난한 이웃을 보면 도와주고 품행이 나쁜 사람을 보면 일깨워 주었을 뿐입니다. 그런데 무슨 억울한 일이 있겠습니까?"

사신은 자신의 귀를 의심하며 의구심을 떨칠 수 없었다.

"그렇다면 이토록 많은 재산을 내놓겠다는 것은 무엇 때문이오?"

"다른 뜻은 없습니다. 힘이 있는 자는 전선으로 달려가고, 돈이 있는 자는 재물을 헌납해야 한다고 생각합니다. 그러면 흉노를 몰아낼 수 있을 것입니다."

사신은 이 같은 복식의 충정을 무제에게 전했다. 무제는 이를 재상 공손홍에게 전하며 의견을 구했다.

"그의 말은 상식에 맞지 않습니다. 누가 아무 이유 없이 자기 재산을 선뜻 내놓겠습니까? 분명 속셈이 있을 겁니다. 믿을 수 없습니다. 만약 사람들이 그의 행동을 흉내 낸다면 투기심만 조장할 것입니다. 그의 헌납을 허락하지 말아야 합니다."

복식은 하는 수 없이 고향으로 돌아가 밭을 갈고 양떼를 돌보았다

기원전 120년 가을, 동관 동부지역에 대규모 홍수가 일어나 70만 명이나 되는 수재민이 발생했다. 조정에서는 수재민을 구호할 여력이 없었다. 이런 상황을 알게 된 복식은 하남 태수에게 수재민 구호자금으로 20만 전을 희사했다. 무제는 의연금 기부자 명단에서 '복식'이라는 이름을 보고 수년 전의 일을 떠올렸다.

"예전에 재산 절반을 헌납해 군비에 보태게 한 바로 그자가 아니던가? 상을 내려야겠다!"

무제는 복식에게 파격적으로 벼슬과 농지를 하사하고 그의 선행을 온 천하에 알리게 하였다. 하지만 복식은 여전히 벼슬을 하지 않았다. 그러자 무제가 물었다.

"그대는 양을 키우질 않느냐? 과인이 상림원에서 양을 키우니 그대가 그 양을 돌보라."

그리하여 복식은 황제의 양을 돌보게 되었고 1년이 지나자 양의 머릿수가 크게 늘어났다. 무제는 칭찬을 아끼지 않았다. 복식은 양을 돌

본 경험을 무제에게 자세히 보고했다.

"백성을 돌보는 관리도 양을 돌보듯 해야 합니다. 양떼 가운데는 질이 나쁜 놈들이 있습니다. 그런 놈들은 격리하여 다른 양에게 해를 끼치지 못하게 해야 합니다."

무제는 복식의 말의 이치를 깨닫고 그를 구지 현령으로 임명했다. 그리고 뒤이어 복잡한 일이 많이 벌어지는 성고 현령으로 보냈다. 무제는 복식이 충실하며 재능이 뛰어나다고 판단하여 제국齊國의 재상을 맡겼다.

훗날 한나라는 남월을 정벌할 때 조정에서 어려움이 있음을 알자 복식은 제나라 국상의 명의로 이렇게 청원했다.

"남월을 정벌하려 하시니 제 아들과 선박 운행에 정통한 인물을 데리고 참전코자 합니다."

무제는 특별 조령을 내렸다.

"복식은 본래 농부이며 목동이었지만 이익을 탐내지 않고 모든 재산을 국가에 헌납했으며, 이제 또 아들과 함께 참전하려 하니 관내후關內侯에 봉하고 황금과 농지를 하사하라."

복식은 의리를 앞세우고 이익을 뒤로 하는 모범을 보임으로써 의리로 이익을 다스린다는 맹자의 명언을 입증했다.

　　맹자는 위나라가 부강해지는 것은 작은 이익에 지나지 않으며, 인의를 국가경영의 기본 이념으로 삼는 것만이 나라에 큰 이익이 된다고 주장했다. 인의로 이익을 제약하고 이익은 인의에 부합되어야 한다는 것이다.

인정^{仁政}과 폭정^{暴政}

부엌에 기름진 고기가 있고 마구간에 살찐 말이 있는데도 백성들은 굶주린 기색이 역력하고 들판에는 굶어 죽는 자가 나뒹군다면 이는 짐승을 몰아 사람을 잡아먹게 만드는 것이다.

포 유 비 육 , 구 유 비 마 , 민 유 기 색
庖有肥肉, 廐有肥馬, 民有饑色,

야 유 아 표 , 차　솔 수 이 식 인 야
野有餓莩, 此　率獸而食人也.

『맹자 (양혜왕)』

한때 맹자는 양나라에 머물고 있었다.

혜왕 : 과인은 선생(맹자)의 가르침을 받고 싶소.

맹자 : 몽둥이로 사람을 죽이는 것과 칼로 죽이는 것이 다릅니까?

칼로 사람을 죽이는 것과 정치로 죽이는 것이 다릅니까?

혜왕 : 다르지 않소.

맹자 : 짐승을 몰아 사람을 잡아먹게 만드는 것입니다.

맹자는 지금 백성에게 부모와 같은 존재인 임금의 정치가 금수(짐승)를 불러 백성을 잡아먹게 하는 것과 같다고 질타하고 있는 것이다. 포악한 정치를 비판하고 백성들의 고통을 동정한 맹자의 정신은 후대 사상가, 정치가, 시인들에게 큰 영향을 주었다.

당나라의 유명한 시인 두보가 남긴 "부잣집에는 술 냄새 고기 냄새 진동하건만 길바닥에는 얼어 죽은 유골이 나뒹구네." 라는 명구는 맹자의 이 말에서 나온 것이다.

당나라 때 유명한 시인 두보는 20세가 되면서 제나라, 조나라, 양나라, 송나라 일대를 유람하며 세상의 견문을 넓혔다.

두보가 살던 시대는 당나라 현종, 숙종, 대종의 세 임금이 나라를 다스릴 때였는데 이 무렵은 당 왕조가 쇠퇴기로 접어들던 시기였다. 현종의 집권 후반기에 들어서면서 조정은 부패하고 무능했으며 사회는 어지러워졌다.

8년에 걸쳐 온 나라를 뒤흔든 안록산의 난은 당나라 왕조에 심각한 타격을 주었다. 반란군은 도처에서 방화와 약탈을 일삼아 황하의 중하류에는 천릿길을 가면서도 사람의 그림자를 볼 수 없는 황량한 풍경이 펼쳐졌다. 이처럼 어지러운 세상을 살아간 두보는 백성들의 고통을 동정하고 지배계층의 호사와 탐욕 그리고 황음무도한 생활을 낱

낱이 들춰냈다.

두보는 755년에 봉선奉先에 있는 가족을 찾아갔다. 봉선으로 가는 길에 수해와 가뭄의 피해로 시달리는 백성들의 생활상을 생생하게 목격했다. 거처를 잃고 굶주림과 질병에 시달리며 걸식하는 백성들이 도처에 흘러 넘쳤다. 백성들의 생활이 이런 지경에 이르렀음에도 지배계층은 여전히 호의호식하며 살아갔다.

두보는 먼 길에 지친 몸을 이끌고 자기 집 대문을 들어서는 순간 흐느낌 소리를 들었다. 아직 돌도 넘기지 않은 어린 아들이 굶주림으로 방금 숨을 거둔 것이다. 두보는 마음이 찢어지는 것만 같았다. 그는 비통한 심정으로 '도성에서 봉선으로 가면서의 느낌' 이라는 시를 지었다.

지혜의 창

두보는 이 시에서 당시 지배계층의 죄악상을 들추고 안록산의 난이 일어나기 직전의 위태로운 빈부의 갈등을 깊이 있게 담아냈다.

"부잣집에는 술 냄새 고기냄새 진동하건만 길바닥에 얼어 죽은 유골이 나뒹구네." 라는 시구는 천고에 전해지는 명구이다.

이 시구는 통치자가 백성을 잡아먹고 짐승을 데려다 백성을 잡아먹게 하는 당시 지배계층의 죄악상을 폭로했다. 두보의 이런 폭로와 비판은 맹자가 "부엌에 기름진 고기가 있고 마구간에 살찐 말이 있는데도 백성들은 굶주린 기색이 역력하고 들판에는 굶어 죽는 자가 나뒹군다면 이는 짐승을 몰아 사람을 잡아먹게 만드는 것과 같다." 라고 말한 것과 일맥상통한다.

포악한 정치를 혐오하고 백성들의 고통을 동정하는 두보의 마음이 잘 드러났다.

여민동락 ^{與民同樂}

백성들의 즐거움을 자신의 즐거움으로 여기면 백성들도
그가 즐거워하는 것을 자신들의 즐거움으로 여긴다.
백성들의 근심을 자신의 근심처럼 여기면 백성들도 그의
근심을 자신들의 근심으로 여긴다. 천하를 가지고서
즐거움으로 삼고, 천하를 가지고서 근심하는 임금 치고
임금 노릇을 하지 못한 경우는 지금까지 없다.

락 민 지 락 자, 민 역 락 기 락 ; 우 민 지 우 자, 민 역 우 기 우
樂民之樂者, 民亦樂其樂; 憂民之憂者, 民亦憂其憂.

락 이 천 하, 우 이 천 하, 연 이 불 왕 자, 미 지 유 야
樂以天下, 憂以天下, 然而不王者, 未之有也.

『맹자 (양혜왕)』

맹자는 인의^{仁義}와 덕^德으로 다스리는 왕도^{王道} 정치를 주창하였는데,
그 바탕에는 백성을 정치적 행위의 주체로 보는 민본^{民本} 사상이 깔려
있다.

춘추시대 제나라의 재산 안영晏嬰은 여러 임금을 보필하면서 50년 넘게 국정을 맡았다. 한번은 겨울이었는데 사흘 동안이나 눈이 쏟아졌다. 경공은 여우의 겨드랑이 털로 만든 옷을 입고 대전에 앉아 있었다. 안영이 찾아가자 경공이 말했다.

"이상하오! 사흘이나 눈이 퍼부었는데도 날씨가 추워지질 않으니 말이오."

"정말로 춥지 않으십니까? 예전에 훌륭한 임금은 자신은 배가 부르더라도 세상에는 굶주리는 사람들이 있고, 자신은 따뜻하게 입었더라도 세상에는 추위에 떠는 사람들이 있음을 생각했습니다. 자신은 편안하더라도 남들이 고통스럽다는 것을 알고 있었던 것입니다. 하지만 지금 왕께서는 이를 모르십니다."

"그렇구려. 그대의 가르침을 따르겠소."

경공은 창고에 있던 모피와 양식을 풀어 추위와 배고픔에 시달리는 백성들을 구제하게 했다. 백성들은 크게 기뻐하였다. 어느 봄날 경공은 나들이를 가다가 길가에 버려진 부패한 시신을 보았다. 경공은 코를 막고 이를 지나쳤다. 그러자 안영이 말했다.

"예전에 선왕이신 환공께서는 나들이를 가셨다가 굶주린 사람들을 보자 음식물을 나눠주고 병든 사람들을 보자 재물을 나눠주셨습니다. 그리고 백성들을 혹사시키지 않고 세금을 많이 걷지 않게 하셨습니다. 그렇기 때문에 선왕께서 유람을 나가시면 백성들은 '왕께서 우리 고장에 오셨으니 영광이다!'라며 기뻐했습니다. 하지만 지금 백성들이 굶주리고 추위에 얼어 죽은 시신이 길가에 나뒹구는데도 왕께서는 그 까닭조차 묻지 않으십니다. 이는 군주의 도의를 잃은 것입니다.”

안영의 말을 들은 경공은 몹시 부끄러웠다.

“그렇소. 임금이 되어서 아랫사람을 생각하지 못하고 세금을 가중시켜 백성들을 고단하게 만들었으니 나의 잘못이 크구려.”

경공은 시신을 수습하게 하고 백성들에게 곡식을 풀고 1년 동안 부역을 면제해 주었다. 또 자신은 석 달 동안 나들이를 하지 않았다.

지혜의 창 

안영이 경공을 일깨운 '여민동락與民同樂'의 일화는 임금이 백성과 동고동락해야만 백성들의 지지를 받을 수 있다는 것을 잘 보여 준다. 송나라의 유명한 정치가 범중엄도 “세상의 근심은 남보다 먼저 근심하고 세상의 즐거움은 남보다 나중에 즐긴다.”는 말을 하였는데, 이것도 여민동락과 일맥상통한다.

외톨이 사내

인의를 해치는 사람을 일러 '외톨이 사내'라고 한다.
외톨이 사내인 주(紂 : 상나라 군주, 폭군)를 정의의 이름으로
응징했다는 말은 들어보았지만 임금을 시해(弑害 : 신하가 군주
를 죽이고 자식이 부모를 죽이는 것)했다는 말은 들어보지 못했다.

잔 적 지 인 위 지 일 부 . 문 주 일 부 주 의 , 미 문 시 군 야
殘賊之人謂之一夫. 聞誅一夫紂矣, 未聞弒君也.

『맹자 (양혜왕)』

맹자가 제나라에 갔을 때 선왕이 맹자에게 물었다.

선왕 : 상나라 탕왕이 하나라 걸왕을 쫓아내고, 주나라 무왕이 상나
라 주왕紂王을 토벌했다고 하는데 그런 일이 있었소?

맹자 : 역사서에 분명히 기록되어 있습니다.

선왕 : 걸과 주는 임금이고 탕왕과 무왕은 신하였는데 신하로서 임
금을 시해하는 것이 옳은 일이오?"

맹자 : 흉폭하고 인의를 해치는 사람을 적賊이라 하고, 난을 일으키고 인륜과 도덕을 해치는 사람을 잔殘이라 합니다. 인의를 저버리고 백성을 학대한다면 비록 임금의 자리에 있더라도 '외톨이 사내'일 뿐입니다. 신하나 자식이 정당한 이유 없이 임금이나 부모를 죽이는 것을 시해弑害라고 부르고 정당하게 토벌하여 죽이는 것을 주誅라고 부릅니다.

상商나라 마지막 군주이며 중국 역사에 폭군으로 큰 오명을 남긴 주왕紂王은 주색에 빠져 폭정을 일삼고 잔혹한 형벌로 무고한 사람을 죽였다. 그리고 또 달기라는 여인을 총애해 날마다 그녀와 함께 주연과 사냥을 즐겼다.

한번은 주왕과 달기가 임신부를 보게 되었다. 주왕은 여인의 뱃속에 든 아이가 계집아이라고 생각했고 달기는 사내아이라고 생각했다. 그러자 주왕이 말했다.

"배를 갈라보면 확실하지."

결국 임신부는 죽고 말았다.

어느 겨울날, 눈이 며칠 동안 계속하여 쏟아졌다. 주왕과 달기는 녹대에서 불을 쬐면서 내리는 눈을 감상하고 있었다. 그때 멀리서 두 사람이 땔감을 지고 강을 건넜다. 젊은 사람은 첨벙대며 서둘러 강을 건너 기슭에 이르러 쓰러지더니 한참동안 와들와들 몸을 떨고는 겨우 일어섰다. 그런데 수염이 허연 늙은이는 미끄러지듯 강을 건넜는데 추운 기색이라곤 찾아볼 수 없었다. 주왕은 의아한 생각이 들었다.

"젊은 사람은 와들와들 떠는데 늙은이는 어째서 멀쩡하지?"

"이상할 게 뭐 있어요? 젊은이는 늙은 부모가 낳았기에 뼈가 부실해서 추위를 타는 것이고, 늙은이는 젊은 부모가 낳았기에 뼈가 단단해서 추위를 타지 않는 것이지요."

달기는 한마디 덧붙였다.

"믿지 못하시겠거든 다리를 잘라보세요."

주왕은 달기의 말을 듣고 두 사람을 잡아와 다리를 자르게 했다.

이처럼 주왕의 가혹한 형벌로 무고한 사람들이 죽임을 당하자 위험을 느낀 조정의 대신들은 멀리 도망갔다. 궁중의 문헌과 음악을 담당하는 태사와 소사마저 달아나버렸다. 이렇게 되자 나라 전체가 혼란으로 빠져들었다.

이 무렵 서백은 군대를 이끌고 주왕을 징벌하러 나섰다.

한편, 주왕이 서둘러 구성한 상나라 군사들은 주왕을 위해 자기 목숨을 버리려 하지 않았다. 오히려 무기를 돌려 주왕을 죽이려고 하였다. 사태가 이렇게 되자 주왕은 금은보화를 챙겨 달아났고 그날 저녁 스스로 불 속에 뛰어들어 목숨을 끊었다.

상나라 주왕이 포학무도하여 멸망을 자초한 일은 역사의 흐름을 거스르고 백성들을 등지는 군주는 결국 역사에 부끄러운 모습을 남긴다는 사실을 여실히 보여준다.

백성들의 폭군을 주살한 정의로움과 합리성을 인정하고 외톨이 사내가 된 임금 주紂를 멸시하고 증오한 맹자의 이 말은 훗날 수많은 사상가와 정치가들에게 큰 영향을 주었다.

불굴의 의지

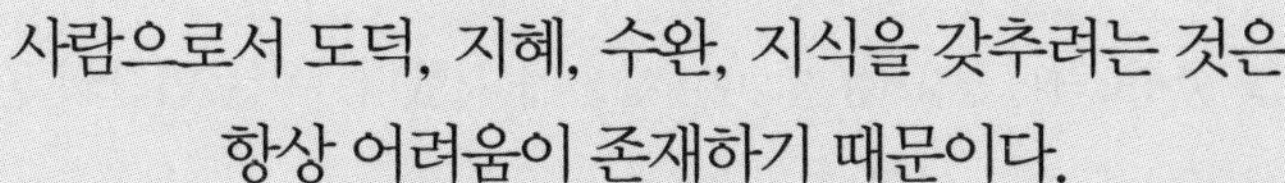

사마천司馬遷은 서한 시대의 유명한 역사가이자 문학가이며 사상가
이다.

기원전 104년, 사마천은 44세가 되던 해에 역사서 집필에 착수했
다. 그런데 그가 집필을 시작한 지 얼마 되지 않아서 이릉의 사건이
터졌다.

이릉은 본래 사마천과 함께 낭중령(관진)을 지낸 인물로, 기원전 99
년 흉노를 토벌하러 나섰다가 고립되어 흉노에게 사로잡히고 말았다.
그런데 누군가 이릉이 흉노에 투항했다고 전했고 화가 난 무제는 이릉의 일족을 몰살시켰다.

사마천은 이릉이 성실하고 청렴하며 군사들과도 관계가 원만할 뿐 아니라 자신의 안위를 돌보지 않고 나라를 위해 헌신하는 인물이라고 이릉을 변호해 나섰다. 하지만 무제는 사마천의 직언에 진노하여 결국 그를 궁형(宮刑 : 생식기를 잘라내는 형벌)에 처했다. 이는 인간의 존엄성을 잃어버리게 만든 엄청난 치욕이었다.

기원전 98년, 사마천은 정신과 육체의 극단적 고통을 견뎌내며 궁형을 받았다. 그리고 2년 뒤, 지천명知天命의 나이에 이른 사마천은 마침내 감옥에서 풀려났다.

사마천의 정신적, 육체적 고통은 날마다 그를 고통과 분노로 몰아넣었다. 하지만 사마천은 잘 알고 있었다. 이런 비애와 고통 속에서 비참하게 일생을 마칠 수 없었음을 알았다. 그는 강인한 정신으로 대신들의 멸시와 조롱을 견뎌냈다. 그를 지지하는 유일한 안위는 낮익은 책상과 붓이었다.

사마천은 밤을 낮삼아 저술 활동에 매달렸다. 책상 앞에 앉기만 하면 그는 행복해졌다. 그를 옥죄던 고통도 조금씩 사라졌다. 이제 더 이상 예전처럼 원망스러운 인생이 아니었다. 그의 고요한 눈빛에서는 미소가 배어났다. 사마천의 몸은 날로 쇠약해졌지만『사기』의 원고는 나날이 늘어갔다.

사마천의 영혼은『사기』로 바뀌었다.

장기간에 걸친 노력 끝에 사마천은 53세 되던 해에 마침내 불후의 저작인 『사기』를 완성했다. 이 책은 모두 130편으로 구성되었으며 글자의 수는 총 52만 자가 넘었다. 후세 사람들은 이를 기전체紀傳體의 역사서라고 불렀다.

이 기전체 형식은 이후로 중국 전통 역사서의 기술 형식으로 자리 잡았다. 사마천이 역경을 극복하고 불굴의 의지로 『사기』를 완성한 것은 중국 역사에 있어서 하나의 이정표가 된다. 사마천의 정신은 후세 사람들에게 영원히 기억되고 추앙을 받는다.

지혜의 창

맹자는 재난이 사람을 강인하게 단련시킨다는 점을 강조했다. 고통과 난관은 사람을 강성하고 분발하게 만들어 끊이지 않게 새로운 지혜, 수완, 지식을 얻게 만든다. 맹자의 이 말은 곤경에 빠진 사람을 격려하여 분발하게 만든다.

마음이 즐거워 진실로 복종하다

힘으로 남을 굴복시키는 것은 마음의 복종이 아니라 힘이 부족하기 때문이다. 덕으로 남을 복종시키는 것은 마음이 즐거워 진실로 복종하는 것이다. 예컨대 칠십 명의 제자들이 공자에게 복종한 것과 같은 경우다.

이 력 복 인 자 , 비 심 복 야 , 력 불 섬 야 ; 이 덕 복 인 자
以力服人者, 非心服也, 力不贍也; 以德服人者,
중 심 열 이 성 복 야 , 여 칠 십 자 지 복 공 자 야
中心悅而誠服也, 如七十子之服孔子也.
『맹자 (공손추)』

남만南蠻의 맹획이 촉나라 남쪽 변방을 어지럽히자 제갈량은 50만 명의 군사를 이끌고 남만 정벌에 나섰다. 제갈량 군사가 남하한다는 소식을 들은 남만의 지도자 맹획은 직접 군사를 거느리고 싸우러 나섰다. 맹획은 제 아무리 용맹하고 싸움에 뛰어났다지만 촉나라 군사와 제대로 싸워보지도 못하고 그만 제갈량 용병술에 걸려 사로잡히고

말았다. 맹획이 끌려오자 제갈량이 물었다.

"지금 그대는 내게 사로잡혔다. 심정이 어떤가?"

"산길이 좁아서 사로잡혔을 뿐이요. 어찌 항복을 바라겠소?"

"항복하지 않겠다고? 그럼 내가 그대를 풀어준다면 어찌 하겠는가?"

"군대를 정비해 다시 자웅을 겨룰 것이오. 그때 다시 포로가 된다면 항복하겠소."

제갈량은 맹획의 포박을 풀어주고 술을 대접한 다음 돌려보냈다. 이에 촉의 장수들은 어리둥절했다.

"맹획은 남만의 두령입니다. 그를 잡아두어야 남만이 평정될 것인데 승상께서는 어째서 그를 풀어주셨습니까?"

"내가 그를 사로잡는 것은 주머니에서 물건을 꺼내는 것과 같소. 하지만 그는 진심으로 항복해야만 다시 배반하지 않을 것이오."

자기 진영으로 돌아온 맹획은 군사를 정비하고 다시 작전을 준비했다.

맹획은 번번이 결사항전을 준비하고 촉군과 자웅을 겨루었지만 포로 신세가 되어 여섯 번째로 제갈량 앞에 서게 되었다. 제갈량은 그의 속셈을 알고 이렇게 물었다.

"이번이 여섯 번째인데 그래도 복종할 수 없다면 도대체 몇 번을 사로잡혀야 한다는 것이오?"

"일곱 번이오! 일곱 번째 사로잡히면 진심으로 복종하겠소."

"다음에 잡혀서도 교활하게 굴면 결코 용서치 않을 것이오."

맹획은 자기 쪽 병력이 궤멸되었던 터라 부득이 이웃에서 등갑병藤甲兵을 빌렸다. 등갑병은 기름칠을 수십 번 되풀이하여 말린 매끄럽고 견고한 갑옷으로 무장하고 있어서 칼로 베거나 화살로 뚫기는 어려웠다. 게다가 3만 명의 등갑병은 무척 사나웠다. 제갈량은 이런 상황을 파악하고 화공火攻을 선택했다. 결국 기름칠한 갑옷으로 무장한 등갑병은 모조리 불에 타 죽고 맹획은 일곱 번째로 사로잡혔다.

제갈량은 맹획에게 아무 말도 하지 않았다. 단지 그의 결박을 풀어주고 이웃 막사로 보내 술과 음식을 배불리 먹였다. 그런 다음 사람을 보내 이렇게 전하였다.

"승상께서는 당신을 만나고 싶어 하지 않습니다. 저더러 돌려보내 다시 싸움을 준비하게 하라고 하셨습니다."

맹획은 이 말을 듣더니 눈물을 흘렸다.

"일곱 번 사로잡혀서 일곱 번 풀어준 사례는 자고로 없었소. 내가 승상의 은혜에 감격하지 않는다면 너무도 염치가 없는 일이오."

맹획은 제갈량을 찾아가 무릎을 꿇고 말했다.

"승상의 하늘과 같은 위엄을 우리 남인(南人: 남만)들은 영원히 배반하지 않을 것입니다."

"진정으로 복종하는 것이오?"

"자손대대로 승상의 은혜를 잊지 않을 것입니다. 어찌 진심으로 복종하지 않겠습니까?"

　　제갈량은 주연을 베풀어 맹획을 위로했고, 맹획을 남인의 지도자로 삼고 점령지에서 완전히 철수했다. 아울러 맹획을 촉의 관리로 임명하여 남방의 부족들을 다스리게 하였다. 이에 누군가가 무슨 일이 벌어질지 모르니 촉의 사람을 남겨두어야 한다고 주장했지만 제갈량은 동의하지 않았다.

　　"사람을 남겨둔다는 것은 군대를 남겨두는 것이오. 오히려 현지인들의 의심을 사게 되오. 대략적인 원칙만 정해 놓고 그들 스스로 다스리게 해야만 여러 부족의 백성들이 조화롭게 어울려져 살 수 있소."

　　제갈량이 맹획을 덕망으로 감화시킨 이야기는 "덕으로 남을 복종시키는 것은 마음이 즐거워 진실로 복종하는 것이다."라는 맹자의 언급을 잘 보여주는 역사적 사례이다.

지혜의 창

　　맹자는 나라를 다스리고 천하를 평정함에 있어서 패도覇道를 배척하고 왕도王道를 중시해야 한다고 주장하였다.

"왕도와 패도는 기반이 서로 다르다. 무력에 의존하면서 인의의 이름을 내세우는 패자는 국력의 강대함에 의존한다. 그런데 도덕의 교화와 인정의 실행에 의존하여 천하를 감복시킨다면 강대한 국력을 바탕으로 삼을 필요가 없다. 상나라 탕왕이 사방 70리 땅에 의존했고 주나라 문왕은 사방 백 리의 땅에 의존하여 인정을 베풂으로써 천하 사람을 복종시켰다.”

맹자의 왕도와 패도에 대한 논변은 훗날 중요한 영향을 미쳤다. 한나라 군주들은 왕도와 패도를 국가 통치의 두 가지 책략으로 삼았고 송나라의 유학자들은 왕도와 패도를 성리학의 체계에 접목시켰다.

인화단결

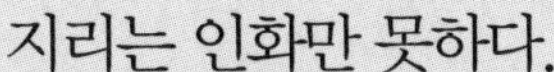

지리는 인화만 못하다.

지 리 불 여 인 화
地利不如人和.

『맹자 (공손추)』

맹자는 "천시는 지리만 못하고天時不如地利, 지리는 인화만 못하다地利不如人和."라고 하였다. 천시는 사람 힘으로 어찌할 수 없는 조건으로, 자연환경 변화와 기후 변동 등이 농업에 영향을 미치는 환경 등을 말한다. 지리地利는 땅의 산물이 풍부하고 외부 침입으로부터 안전함을 말한다. 그러나 기후나 땅보다 더욱 중요한 요인은 인화人和라고 강조하였다.

세계 곳곳에서 이상 기후나 재난이 생겨난다. 태풍이나 홍수, 폭우가 더욱 잦아지는 것은 인간이 자연을 멋대로 파괴하였기 때문이라는 주장도 나온다. 세계 각국 학자들의 걱정은 결국 자연을 훼손하는 인간의 욕심에 대한 경고인 셈이다. 우리는 '자연의 경고'에 귀를 기울여야 필요가 있다.

고대 인류는 종족들 사이의 경쟁보다 자연과의 싸움에 온갖 노력을 쏟았다. 중국 문명도 황하라는 거대한 강과의 투쟁 과정에서 형성되었다. 자연 환경은 그 속에 살고 있는 인간들의 생활모습이나 심성心性에 영향을 미친다.

중국의 '인화단결' 사상은 한두 사람으로 막을 수 없는 거대한 황하의 범람에 대응하는 과정에서 형성된 것이다. 그러므로 그 어떤 어려움 속에서도 사람들끼리 서로 아껴주고 단결한다면 아무리 어려운 고비라도 극복할 수 있다.

지혜의 창

우리 사회에서도 지도층이나 윗사람들이 국민을 아끼고 존중하는 마음을 가지고 있을 때, 그 국가는 강대한 생명력을 지탱해 나갈 수 있다. 가시적인 생산량과 숫자의 대소만으로 어떤 조직의 힘을 평가하기란 어렵다. 국가의 진정한 생명력은 인간들 사이의 신뢰와 협동심이다. 이러한 인화단결의 정신세계를 형성시키는 데는 지도자의 사상과 태도가 매우 큰 영향을 준다.

물이 나올 때까지 우물을 판다

> 모든 일은 우물을 파는 것에 비유할 수 있다.
> 계속 파 내려가도 물이 나오지 않으면 그것은
> 쓸모없는 구덩일 뿐이다.
>
> 유 위 자 벽 약 굴 정 , 굴 정 구 인 이 불 급 천 , 유 위 기 야
> **有爲者辟若堀井, 堀井九軔而不及泉, 猶爲棄也.**
>
> 『맹자 (진심)』

1823년, 스웨덴 화학자 베르셀리우스는 스물 세 살에 화학 박사 학위를 취득한 뵐러라는 젊고 유능한 화학자의 편지를 받고 그를 제자로 받아들였다.

총명한 뵐러는 새로운 지식이나 사물에 대한 이해 능력과 창의성이 뛰어났다. 그의 유일한 단점은 실험을 할 때 대충 빨리 끝내 버리는 것이었다. 베르셀리우스는 뵐러에게 실험할 때는 반드시 그 결과를 생각해야 하며 무엇보다도 정확한 과정을 필요로 한다고 충고했다.

그러나 뷜러는 여전히 자기 뜻대로 행동했다.

일 년 후, 뷜러는 독일로 돌아가 화학 교수로 재직하며 연구 활동을 병행했다. 1830년, 뷜러는 멕시코에서 수입한 연광석 성분을 분석하던 중 특별한 침전물을 발견했다. 그는 이 연광석에 아직 발견되지 않은 새로운 원소가 들었을 것이라고 단정했다. 그러나 안타깝게도 뷜러는 새로운 원소의 존재를 확신하면서도 더 이상 연구를 진행하지 않았다. 그는 복잡한 연구를 계속하면서 새로운 원소를 찾아낼 의지가 없었던 것이다. 그는 연구를 중단했고 새로운 원소에 대한 생각을 잊었다.

이듬해, 베르셀리우스의 또 다른 제자인 스웨덴 화학자 세프스트룀이 뷜러가 추측했던 새로운 원소를 발견하고 바나듐이라고 이름을 붙였다. '바나듐'의 어원은 그리스 신화의 여신 바나디스에서 따왔다. 뷜러는 조금만 노력했으면 자신의 품에 들어왔을 위대한 발견이 다른 사람에게 돌아간 것을 후회하였다. 뷜러는 후회하는 심정을 스승 베르셀리우스에게 편지로 알렸고 얼마 뒤 답장을 받았다.

"아주 먼 북쪽 끝에 바나디스라는 바나듐의 여신이 살고 있었지. 어느 날, 한 젊은이가 여신의 집 대문을 두드렸어. 그러나 여신은 기다렸던 거야. 하지만 젊은이는 여신의 집에 들어가는 일이 별 것 아니라고 생각하며 그대로 돌아가 버렸어. 계속 기다려도 문 두드리는 소리가 더 이상 들리지 않자 이상하게 여긴 여신이 창밖을 내다봤어. 방금 문을 두드렸던 젊은이가 푹 고개를 숙이고 돌아가는 모습을 보았지. '아 저 사람은 뷜러야. 여기까지 와서 허탕치고 돌아가다니. 그렇게 조급해하지 말고 기다렸다가 집안으로 들어올 수 있었을 텐데.' 얼마 뒤 또 다른 사람이 여신의 집 대문을 두드렸어. 이번에는 열심히 고집스럽게 한참 동안 문을 두드리는 바람에 여신은 문을 열어줄 수밖에 없었지. 그가 바로 세프스트룀이야. 그리고 그는 마침내 바나듐을 발견했네."

뷜러는 탐구정신이 부족하여 일생의 대발견 기회를 놓쳤다. 그러나 뷜러는 여기에서 큰 교훈을 얻은 이후 전심전력으로 화학 연구에 매진했고 그 결과 독일의 위대한 화학자로 역사에 길이 이름을 남겼다. 역사상 위대한 성공의 주인공들은 모두 자신의 목표를 이루기 위해 끈기와 성실로 무장했다. 그들은 목표에 도달할 때까지 잠시도 쉬지 않았다.

지혜의 창

맹자는 우리에게 어떤 일이든 끝까지 포기하지 말아야 한다는 보편적인 진리를 강조하였다. 힘들 때마다 참지 못하고 주저앉아 쉬는 사람은 절대 최후의 승리자가 될 수 없다. 더욱 더 끈기와 인내심이 필요하다. 성공은 힘의 세기가 아니라 얼마나 오랫동안 유지해 나가느냐에 달려 있다. 중도에서 포기하지 않고 끝까지 노력한다면 반드시 성공할 수 있다.

문제의 답을 음미하다

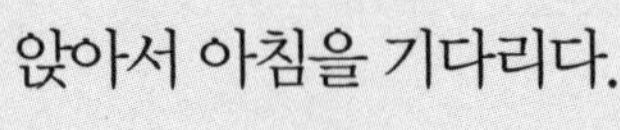

『맹자』에 이런 이야기가 있다.

우왕은 맛있는 술을 싫어하고 귀에 거슬리는 충고를 좋아하였다. 탕왕은 모든 의견을 수렴하여 훌륭한 인물을 등용하였다. 문왕은 백성들이 행복하게 살아가도 마치 다친 사람을 돌보듯 하여 이상적인 상태가 되었지만 아직 부족하다고 생각하였다. 무왕은 가까운 사람을 지나치게 친애하지 않았고 먼 사람을 잊지 않았다. 주공은 이 왕들을 다 배워서 훌륭한 정책을 다 시행하고자 하였다. 확실한 답이 나오지 않으면 밤을 낮삼아 깊이 생각하였고 다행히 답을 얻으면 앉아서 아침이 오기를 기다렸다.

2천여 년 전 중국의 『황제내경皇帝內經』은 한의사들이 악전고투하여 만든 책이다. 이 의학서에는 우리가 아는 상식과 아주 다른 이야기가 나온다.

우리는 보통 일찍 자고 일찍 일어나는 것이 건강에 좋다고 알고 있다. 그런데 『황제내경』에서는 잠에 대해 자세히 이야기하면서 겨울에는 일찍 자고 늦게 일어나는 것이 건강에 좋다고 한다.

나이 지극한 분들이 추운 날 아침 일찍 밖을 나서다가 중풍을 맞는 일이 많다. 겨울에는 밤이 길어서 해가 뜨고 지는 것에 따라 생활한다면 당연히 『황제내경』에서 말하는 대로 될 것이다. 농업이 중심이던 사회에서는 지금처럼 전기도 없고 조명기구도 없었기 때문에 자연히 그런 생활을 했을 것이다.

그러나 요즘은 밤늦게까지 일하는 사람이 많다. 요즘 사람들은 옛 사람보다 일하는 시간이 많기 때문에 수입은 많지만 옛 사람들보다 더 잘 산다고만 할 수 없다.

그런데 옛날에도 밤을 새는 사람들이 있었다. 주공周公은 중국 주나라 문왕의 아들이자 무왕의 동생이다. 그는 맏아들이 아니어서 왕이 될 수 없었다. 그러나 어떤 왕보다도 중요한 인물로 역사에 남아 있다.

공자가 꿈속에서 만나 가르침을 받았을 정도의 인물이었다. 주공의 큰 업적은 주나라가 천하를 장악하는 책임을 완수한 것이다. 주나라는 은나라를 무너뜨리고 들어섰는데, 주공의 아버지 문왕 때부터 실력을 길러 주공의 형인 무왕이 은나라를 멸망시켰다. 그러나 무왕은 대업을 이룬 후 죽고 말았다. 왕위를 이어 받은 무왕의 아들 성왕은 어려서 주권이 약하자 전국에서 반혁명 움직임도 일었다. 이때 조카를 도와 혁명을 완성한 인물이 바로 주공이었다.

지혜의 창

모든 정력을 쏟고 정신을 통일하여 풀던 문제의 답이 나왔을 때 조용히 앉아서 그 답을 음미하며 아침을 기다리는 주인공의 모습이 떠오른다. 지금도 홀로 풀어야 할 문제를 가지고 밤을 새는 이들이 있기에 어려운 상황에서도 우리의 밝은 앞날을 이야기 할 수 있는 것이다.

기회는 모험 속에 있다

산골짜기 샛길도 자주 사람이 지나다니면 길이 되고,
오랫동안 사람이 지나다니지 않으면 다시 잡초가
무성히 자라 길을 막아버린다.

산 경 지 혜 간, 개 연 용 지 이 성 로, 위 간 불 용, 즉 모 색 지 의
山徑之蹊間, 介然用之而成路, 爲間不用, 則茅塞之矣.

『맹자 (진심)』

맹자가 "작은 샛길도 많이 지나다니면 큰 길이 될 수 있다."고 하는 것은 우리들에게 개척정신의 중요성을 강조하기 위해서이다. 현실적인 걱정들로 아무것도 하지 못하는 사람이 많다. 하지만 모험심을 발휘하여 걱정을 뛰어넘으면 그 안에 우리가 생각지도 않은 새로운 그어떤 길이 환히 보일 때도 있다.

사람들은 자신의 능력을 발휘할 기회가 주어지지 않는다고 불평을 늘어놓는다. 이런 불평을 늘어놓는 사람들은 대개 용기와 개척정신을

감추고 행동하고 있다. 기회는 언제나 모험 속에 도사리고 기다린다. 장미의 가시처럼 기회는 언제나 위험을 동반한다. 그래서 성공한 사람들을 살펴보면 신중하고 철저하며 동시에 투철한 모험정신을 가지고 있다.

사람들은 안정적으로 큰돈을 벌고 싶어 한다. 목돈을 벌고 싶다면 먼저 위기 속에 기회가 있다는 사실은 깨달아야 한다. 그러므로 돈 버는 기회를 얻으려면 그만한 성공의 대가를 치러야 한다. 그렇다고 우리에게 다가든 위험 요소를 피할 수 없는 것도 아니다. 충분한 준비 작업을 거쳐 만일을 대비한 적절한 대응 방법이라도 미리 준비해 둔다면 위기를 기회로 전환시킬 수 있다.

"산에 호랑이가 있음을 분명히 알면서도 호랑이가 있는 산으로 들어간다."는 행위에는 어떠한 위험에도 굴하지 않고 전진한다는 용기와 의지가 담겨 있는 것이다.

독창적인 안목과 도전정신으로 자기 앞에 놓인 장애를 극복하고 전진하는 진취성이야말로 성공을 향한 지름길로 들어서게 만든다. 사람들은 위험에 부딪치는 일을 원치 않는다. 하지만 언제나 기회는 위험의 모습을 뒤집어쓰고 기다린다. 성공을 원하면서 위험 속에 파묻히길 거부한다면 영원히 기회를 찾을 수 없다. 세상일에는 얻는 것이 있으면 잃는 것도 있는 법이다.

창조, 개혁의 과정에는 항상 수많은 위험 요소가 도사리고 있다. 과감한 도전만이 두려움을 떨쳐버릴 수 있다. 또한 남들이 꺼리는 개척과 도전의 정신을 채우려는 욕망 속에 위대한 성공 인자가 무르익어 간다.

예지로 틈새를 발견한다

학습이나 사회활동을 하면서 부딪히는 난해한 문제를 간단하게 풀어가는 과정을 익혀 볼 필요가 있다. 복잡한 것을 간단하게 어려운 것을 쉽게 풀어내는 문제 해결력을 갖추는 일이 자신감을 길러주는 촉매제가 된다.

도전정신을 가지고 남들이 하지 못하는 창업을 꿈꾸는 사람들은 복잡하고 난해한 문제를 풀려는 의지를 가진 사람들이라고 본다. 그런데 의욕도 없고 도전 의식도 없는 이들은 남들이 이미 대부분 시장을 독점하고 있어 자신이 설 자리가 없을 뿐더러 그들과 경쟁할 기회조차 얻을 수 없다며 불평한다. 그리고 세상과 현실을 원망하다 자신감을 잃고 창업을 포기한다.

그러나 근본적인 문제는 이들이 스스로 지혜를 발휘할 생각이 없다는 데 있다. 만약 이들이 충분한 조사연구를 한다면 남들이 미처 신경쓰지 못한 부분을 발견해 그 틈새를 찾아낼 수 있다. 이런 빈틈을 기회로 삼으면 자신만의 영역을 구축할 수 있다.

사람은 누구나 지혜로운 의지와 과감한 도전정신을 가져야 한다. 이것은 치열한 경쟁 사회에서 살아남을 수 있는 유일한 방법이다. 세계는 하루가 다르게 발전하면서 생존 경쟁 또한 날로 치열해진다. 스스로 지혜를 짜내지 않고 다른 사람이 이익을 창출하는 것만 보고 그 뒤만 쫓아가는 사람은 생존의 위협을 받게 된다.

중국에서는 음력설을 전후해 중국 전통 의상이 크게 유행한다. 이때 전통 의상으로 큰 수익을 올리는 회사들도 있고 똑같이 전통 의상을 생산하고도 후회막급인 회사들도 있다. 후자의 경우, 시기를 놓치고 뒤늦게 시장에 뛰어들어 아무것도 얻지 못해서 손해를 보는 경우가 많다. 뒤늦게 경쟁에 뛰어든 회사들은 기존 생산 물량과 선두 기업에서 급히 처분한 물량이 한꺼번에 시장으로 쏟아져 나온다면 그 결과 모두가 예측한 그대로 엄청난 손해를 보는 것은 당연하다. 치열한 시장 경쟁에서 우위를 선점하기 위해 정확한 시기를 파악하는 예리한 안목이 얼마나 중요한지 알아야 한다.

치열한 경쟁에서 모든 결정은 충분한 숙고를 거쳐야 한다. 시대의 흐름을 쫓아가기 위해 항상 배우고 경험해야 한다. 시대 흐름에 부합하는 지혜를 통해 선택한 결정만이 성공을 보장할 수 있다. 시대를 앞서는 예지능력을 갖춘 사람은 남들의 성공 뒤에 남은 찌꺼기에 만족하지 않는다.

독창적인 사고와 지혜만이 성공과 발전을 가져올 수 있다. 이 과정에 반드시 지혜가 필요하다. 준비에서 성숙기를 거쳐 성공하기까지 정확한 판단, 충분한 분석, 예측 능력 그리고 돌발 상황에 대처하는 임기응변이 필요하다. 이 모든 능력을 종합한 것이 바로 지혜이다. 지혜는 성공의 지름길이다.

시장이 반찬

맹자는 성인도 나름대로 품격을 지니고 있는데, 그 중에서 공자를 '때를 아는 성인'이라고 하였다. 때를 아는 성인의 경지가 가장 어렵다고 하였다.

"백이는 성인 중에 깨끗한 자 '성지청자^{聖之淸者}'이며, 이윤은 성인 가운데 책임지는 자 '성지임자 ^{聖之任者}'이며, 유하혜는 성인 가운데 조화로운 자 '성지화자^{聖之和者}'이며, 공자는 성인 가운데 때를 맞추는 자 '성지시지^{聖之時者}'인즉, 공자는 네 성인의 장점을 모아 집대성^{集大成} 하신 분이라고 볼 수 있다. 집대성은 음악에 비유한다면 마치 여러 악기의 소리가 모여서 교향곡을 이루는 것과 같다."

전국 시대, 중산국中山國 왕이 사대부들을 불러 향연을 열었다. 그 중에 사마자기라는 사람이 있었다. 그는 자기에게 양 고깃국이 돌아오지 않자 화가 나서 초나라로 달아났다. 그리고 초나라 왕에게 유세하여 중산국을 치도록 하였다. 중산국 왕은 강대국 초나라 공격을 막지 못한 채 나라를 버리고 도망갔다. 달아나다 보니 뒤에서 창을 비껴든 두 사람이 따라왔다. 뒤를 돌아보며 물었다.

"그대들은 누군가?"

"저희 아버지가 옛날에 가난하여 굶어 죽게 되었을 때 왕께서 도시락을 나누어 주셨습니다. 아버지가 임종 때 말씀하시기를 '만약 중산국에 어려운 일이 생기거든 목숨을 걸고 도우라.' 하셨습니다. 지금 왕께서 쫓기고 계시므로 목숨을 바치려고 따라온 것입니다.

두 사람의 말을 들은 왕은 깊은 한숨을 내쉬며 하늘을 우러러 탄식했다.

"남에게 베푸는 것은 그 많고 적음이 중요한 게 아니다. 상대가 어려움에 처했을 때 도와야 하는 것이다. 원한은 크고 작음으로 깊이가 정해지는 것이 아니다. 어떻게 상대의 마음을 상하게 했는가에 의해 정해지는 것이구나. 나는 한 그릇의 고깃국으로 인해 나라를 버리고 떠난 사람 때문에 도망치는 처지가 되었고, 도시락 한 개로 훌륭한 충신 두 사람을 얻기도 하였구나!"

　　　　인간이 벌이는 행위는 같다. 하지만 그 효과는 상황과 때에
따라 달라진다.

상황과 시기가 행위의 기대 효과를 최대로 발휘하게 할 수 있는 지점
을 기회機會라고 한다. 모든 연관관계의 핵심 고리, 모든 사태 변화의 해
답이 묻혀 있는 시점이라고 말할 수 있다. 이런 기회를 잘 포착하는 것
이 효과를 극대화하는 요건이 되며 이것 또한 일의 성패를 좌우한다.

제4장

없음의 쓰임

진흙을 빚어 그릇을 만들어도
그 가운데가 비어 있어야 그릇으로의
쓸모가 있고 문과 창을 내어 방을
만들어도 그 방이 비어 있어야
방으로의 쓸모가 있다. 그러므로
있음이 이롭게 되는 것은 없음의
쓰임이 있기 때문이다.

— 노자

같은 사람이지만 목표의식은 다르다

생각의 넓이만큼 목표 의식도 커진다. 성인도 우리와 같은 사람이다. 그래서 우리도 성인들처럼 확고한 목표 의식으로 끝까지 노력하면 성공을 거둘 수 있다.

어느 날, 참새가 높이 날아가는 고니를 이해할 수 없어 이렇게 물었다.

"이곳에도 먹고 마실 게 충분한데 왜 비바람을 무릅쓰고 그 높은 데까지 올라가는 거니?"

고니는 한바탕 웃더니 대답했다.

"너희들은 풀숲에서 안락함을 즐기지만 내 목표는 저 광활한 세상을 보는 거란다. 편안함에 빠지면 높은 이상을 갖지 못해 목표를 세울 수 없고 비좁은 풀숲에서 아옹다옹 다툴 수밖에 더 있니? 너희들은 생각의 크기만큼 무대가 넓어진다는 이치를 모르는구나."

미래에 대한 이상을 버리고 현재에 만족하는 순간 일에 대한 열정도 사라지고 발전에 대한 의지도 사라진다.

빌 게이츠가 마이크로소프트 경영자였을 때 인사담당자와 함께 신입사원 면접을 진행했다. 세 사람이 최종 면접에 올랐다. 인사담당자는 세 사람에게 입사한 후 어떤 계획이 있는지에 대한 질문을 던졌다.

첫 번째 응시자는 이렇게 말했다.

"훌륭한 회사에서 일할 수 있다는 것만으로도 제겐 큰 행운입니다. 반드시 최선을 다해 맡은 임무를 충실히 수행하겠습니다. 어떤 일이든 맡겨만 주시면 완벽하게 해 낼 자신이 있습니다."

두 번째 응시자는 이렇게 말했다.

"솔직히 저는 중압감을 많이 느낍니다. 우수한 인재 집합소인 마이크로소프트에서 일할 수 있는 행운이 주어진다면 일단 회사와 업무에 적응하도록 집중하겠습니다. 이 기간 동안 큰 실수만 하지 않아도 다행이라고 생각합니다."

세 번째 응시자는 이렇게 말했다.

"사람은 자신의 재능을 마음껏 발휘할 수 있는 무대를 원합니다. 마이크로소프트가 바로 제 능력을 발휘할 수 있는 무대라고 생각합니다. 저는 어떤 일이 주어지든 스스로 배우고 실력을 쌓는 기회라고 여겨 최선을 다하고자 합니다. 그리고 저의 최종목표는 제 회사를 만드는 것입니다."

빌 게이츠는 웃으며 그에게 물었다.

"그럼 당신이 만든다는 회사는 어떤 회사입니까?"

세 번째 응시자는 조금도 주저하지 않고 대답했다.

"회장님과 같은 회사입니다."

이때 세 번째 응시자 친구이기도 한 첫 번째 응시자가 왜 쓸데없는 말을 하느냐는 투로 눈짓을 보냈다. 그러나 빌 게이츠는 의외의 반응을 보였다.

"아주 좋소! 생각의 크기만큼 무대가 넓어지는 법이니까. 당신이 그렇게 대단한 포부를 가지고 있다니 나는 기꺼이 당신에게 무대를 제공하겠소."

면접이 끝난 후 인사담당자는 빌 게이츠에게 이렇게 말했다.

"그 사람은 몽상가이거나 허풍쟁이일 겁니다. 혹시 그 사람에게 정말 재능이 있다고 해도 그의 말대로라면 최고가 되었을 때 우리 회사에 남아 있겠습니까? 왜 그런 사람을 뽑으셨습니까?"

"어쩌면 지금 생각하는 것처럼 그 사람이 성공하면 우리 회사를 떠날 수도 있겠지요. 하지만 그가 떠나기 전까지 우리 회사에 가져올 이익은 보통 직원들의 몇 배에 이를지 모릅니다. 이렇게 된다면 나로서는 전혀 손해 볼 게 없지 않겠습니까?”

빌 게이츠의 눈은 정확했다. 면접 후, 세 사람을 모두 채용했는데, 앞의 두 사람은 훌륭히 제 몫을 해 내며 회사에 잘 적응했다. 그리고 세 번째 사람은 특별히 두각을 나타내 단기간에 관리자 지위에 올랐고 마이크로소프트 발전에 크게 공헌했다.

지혜의 창

“태산이 높다 하되 하늘 아래 뫼로다.

오르고 또 오르면 못 오를 리 없지만

사람이 제 아니 오르고 뫼만 높다 하더라.”

옛시조에 나오는 말처럼 흔히 사람들은 인생을 산에 오르는 것에 비유한다. 중요한 것은 자신만의 목표 지점을 정확히 정하는 것이다. 만약 인생 목표가 산 중턱이라면 “제 아니 오르고 뫼만 높다 하더라.”는 것으로 정상에 오르는 영광을 맛보지 못할 것이다.

융통성에도 위험성이 있다

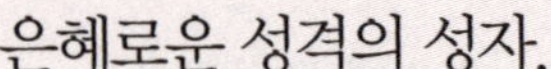

공자도 높이 평가하고 존경한 정나라 자산子産이 임종 때 자기 후임이 될 유길에게 이렇게 당부했다.

"내가 죽으면 반드시 당신이 나랏일을 맡을 것이오. 오직 덕이 뛰어난 사람만이 관용寬容으로 백성들을 복종시킬 수 있소. 그 다음 방법으로는 맹렬한 것보다 나은 것이 없소. 불은 맹렬해서 사람들이 바라보고 두려워하기 때문에 불로 인해 죽는 사건이 적은 것이오. 물은 부드러워서 사람들이 친근히 여기므로 거기서는 많이 죽소. 그렇기 때문에 관용의 방법은 어려운 것이오."

유길游吉은 원래 성격이 유약해서 자산의 충고를 들었으나 맹렬한 정치를 하지 못하고 관용의 방향을 취했다. 그러자 정나라에 치안이 느슨해져 도둑이 많이 생겨났다.

맹자는 이에 몇 가지 특징 있는 인간상을 제시하였다.

그 가운데 백이伯夷와 같이 깨끗한 성격의 성자와, 유하혜柳下惠와 같이 은혜로운 성격의 성자를 구분했다.

백이는 나쁜 얼굴빛을 보지 않았고 나쁜 소리를 듣지 않았다. 섬길 만한 임금이 아니면 섬기지 않았고 부릴 만한 백성이 아니면 다스리지 않았다. 무질서한 정치가 행해지는 곳이나 백성들이 사는 곳에서는 섞여 살려고 하지 않았다. 수준 낮은 사람과 같이 있으면 정장을 입고 진흙탕에 앉은 것처럼 불편하게 여겼다.

유하혜는 지저분한 임금이라도 섬겼고 작은 관직도 마다하지 않았다. 자리가 주어지면 최선을 다했고 진급에서 누락되어도 원망하지 않았으며 어려운 처지에 몰려 쫓겨날 지경이 되어도 걱정하지 않았다. 수준 낮은 사람들과 만나도 자기 집에 있는 것처럼 잘 어울렸다.

'너는 너고 나는 나다. 내 옆에서 무례하게 옷을 벗어부치더라도 나를 더럽힐 수야 있겠느냐.' 하는 철학을 가졌다. 그래서 유하혜 이야기를 들은 사람들 중 속 좁은 사내는 마음이 넓어지고 쩨쩨한 사내도 배짱이 두둑해졌다.

유하혜는 넓은 마음으로 지저분한 것, 깨끗한 것을 다 받아들이는 인물이었다. 술자리에서 일어서야 하는데도 누가 붙들면 떠나지 못하고 다시 주저앉는 사람은 유하혜를 닮은 사람이다. 소문에 유하혜는 좁은 방에서 젊은 여자와 밤을 지내도 아무런 일이 없을 사람이었다고 한다.

그런데 맹자는 유하혜의 그런 너그러운 태도는 보통 사람들이 배워서 따라 하기에 위험하다고 충고하였다.

유하혜만큼 수양이 되지 않은 사람은 이를 흉내 내다가 실수하기 쉽다는 것이다. 그러므로 나쁜 것을 가까이하지 않는 백이의 방법이 오히려 안전하다는 것이다. 백이가 원칙을 중시한 사람이라면 유하혜는 융통성을 발휘한 사람이 된다. 그런데 융통성에는 위험이 따른다. 원칙을 지킬 생각도 없이 융통성을 부리다 보면 일을 그르치는 지경에 이를 것이다.

지혜의 창

전쟁에서 기습과 변통수變通數로 적을 제압하고, 사회생활도 '전쟁'이라 불릴 정도로 험악하고 위태로운 시대라면 융통성과 임기응변, 변칙變則을 많이 써야 하는 상황일지도 모른다. 그러나 이러한 방법은 장구한 방책方策이 될 수 없고 어지간한 사람들에게는 수많은 위험성만 던져 줄 뿐이다. 원칙성과 융통성을 두고 삶의 철학을 어떻게 지켜 가느냐에 따라 패턴이 많이 달라질 수 있다. 그 방법을 아무렇게나 선택하는 어리석음을 범하지 말아야 한다. 융통성에는 함정이 도사리고 있기 때문이다. 원칙에는 경직과 답답함이 상황을 조일지도 모르기 때문이다.

세상에서 외로운 사람

아내 없는 것을 환, 남편 없는 것을 과,
아들 없는 것을 독,
어려서 부모 없는 것을 고라 한다.

환 과 고 독
鰥寡孤獨

『맹자 (양혜왕 장구)』

제나라 선왕이 이상적인 왕도정치王道政治에 대하여 맹자에게 물었다. 맹자는 이렇게 말했다.

"옛날 문왕께서 기 땅을 다스릴 때 농사짓는 백성들에게는 9분의 1 세법을 쓰고 벼슬하는 사람에게는 세습제를 실시하였습니다. 관문關門이나 시장에서 조사는 하였으나 세금을 받지 않았습니다. 연못이나 도랑의 사용을 금지하지 않았으며 죄인을 처벌하는 데 처자까지 연루시키지 않았습니다. 늙어서 남편 없는 것을 과라 하며 늙어서 아들 없는 것을 독이라 하고 어려서 아버지 없는 것을 고라 하는데, 이 네 가지 부류의 사람들은 천하의 곤궁한 백성으로서 호소할 데가 없는 자들입니다. 문왕께서 어진 정치를 베푸실 때 반드시 먼저 이 네 부류의 사람들부터 돌보아 주셨습니다. 『시경』에 '부유한 사람들은 괜찮지만 고독에 지쳐버린 외로운 이들이 불쌍하네.'라고 하였습니다."

'환과고독鰥寡孤獨'은 홀아비, 과부, 독거노인, 고아를 가리키는 말로 세상에서 외로운 사람들을 말한다. 맹자는 문왕이 선정을 펼칠 때 반드시 이 사람들을 먼저 보살폈다고 말하였다.

사회적 약자들의 처우에 대한 정도는 그 사회의 수준을 가늠할 수 있는 척도가 된다.

묵자는 이렇게 말했다.

"어진 사람이 하는 일은 반드시 천하의 이익을 얻게 하고 천하의 해를 제거하는 일이어야 한다. 그런데 지금 천하의 해는 무엇이 가장 큰가? 그것은 큰 나라가 작은 나라를 공격하고 큰 집안이 작은 집안을 어지럽히고 강한 자가 약한 자를 힘으로 누르고, 많은 사람들이 적은 사람들에게 난폭한 짓을 하고 꾀 많은 자가 어리석은 자를 속이고 귀한 사람이 천한 사람에게 오만하게 구는 것이다. 이것이 바로 천하의 해악이다. 또 임금 된 사람이 은혜롭지 아니하고 신하 된 사람이 충성스럽지 아니하고 아버지 된 사람이 자애롭지 아니하고 자식 된 사람이 효성스럽지 아니한 것, 이것 또한 천하의 해이다. 또 지금 천하 사

람들이 자기의 무기와 독약, 물과 불을 가지고 서로 해치고 있는데 이
것 또한 천하의 해인 것이다."

지혜의 창

　　　가진 자, 강한 자, 똑똑한 자가 설칠 수 있는 사회에서는 힘
없고 능력없는 사람들은 그들에게 많은 것을 양보하고 살아갈 수밖에
없다. 권력과 능력으로 힘없는 자들을 억압하는 사회에서 정의를 구현
하기란 쉽지 않다.

역사적으로 유지되어온 법과 윤리는 천하인에게 이익이 되고자 시작
하였지만 본래의 의도는 사라지고 사리사욕을 채우는 도구로 이용하
는 자들만 득실댄다. 이렇게 되면 '품위 없는 사회'가 된다. 만약 천하를
움직일 뚜렷한 정도와 원칙이 작동한다면 소인배들이 발붙이지 못하
고 사라질 것이다.

본심을 기르려면

춘추 시대 촉나라는 물산이 아주 풍요로웠다. 비옥한 밭과 넓은 들이 있고 양식은 창고에 가득하였으며 금은보화도 많았다. 그러나 촉나라 왕은 이에 만족할 줄 모르고 더 많은 금은보화와 더 많은 토지와 더 많은 미녀를 생각하는 탐욕의 왕이었다.

당시, 진나라와 촉나라는 인접하였는데 진나라 혜왕은 일찍부터 풍요한 촉나라를 차지하려는 야심이 불탔다. 다만 어려운 진과 초 사이의 국경지대가 험한 산악지형으로 걷거나 달릴 수 없는 것이어서 군대가 그곳을 바로 통과할 수가 없었다. 이 때문에 진의 혜왕은 군대를 일으키지 못하고 있었다.

어느 날, 한 참모가 진 왕에게 건의하였다.

"촉 왕은 탐욕스러워 도무지 만족할 줄 모르는 사람입니다. 폐하는 이를 이용하여 침략을 할 수 있습니다."

그러면서 한 계책을 내놓았다 진 왕은 그것을 듣고 매우 좋아하며 곧바로 몇 명의 석공을 불러서 커다란 돌로 소를 만들었다. 소의 궁둥이에는 많은 금을 바르고 소가 지나간 자리에는 금을 떨어뜨려 놓았다. 그리고는 금으로 만든 소가 금 똥을 싼 것이라고 소문을 냈다. 그 돌로 만든 소를 촉나라로 통하는 국경의 산길에 가져다 놓았다.

며칠 뒤, 이 소식이 촉나라에 전해졌다. 한 신하가 촉 왕에게 아뢰었다.

"산에 금 똥을 누는 금으로 만든 소가 있다고 합니다."

이 말을 들은 촉 왕은 먹고 자는 것외에 오직 금 똥을 누는 소를 손에 넣을 궁리만 했다. 이때 진나라 왕은 촉나라에 사람을 보내 '진나라는 촉나라와 우호적인 관계를 원하며 신선에게 얻은 황금 소를 선물로 보내고 싶으니 촉 왕은 이것을 가져가기 바란다.'고 하였다.

촉나라 왕은 이 말을 듣고 매우 기뻐하였다. 바로 젊고 힘센 병사들을 보내 산을 파고 계곡을 메워 도로를 만들기 시작하였다. 하루 빨리 촉과 진을 잇는 교통로가 완성되기를 바라면서 도로 만드는 작업을 강행하였다.

도로를 완공하고 촉 왕은 힘센 병사들을 보내 황금 소를 끌어 왔다. 그러나 황금 소가 지나간 곳에 진나라 군대가 뒤따라 들어가니 진나라 군대는 힘도 안 들이고 촉나라를 점령하게 되었다. 결과적으로 황금 소가 촉나라에 도착하면서 곧바로 진나라는 촉나라를 삼켜버렸고 진나라 혜왕은 소원을 실현하였다.

촉나라 왕의 이익을 탐하는 마음이 끝내 나라를 잃고 생명을 잃는 결과를 낳았다.

지혜의 창

맹자는 "본심을 기르는 데는 욕심을 줄이는 것보다 좋은 것이 없다."고 말했다.

사람의 마음은 본심을 잃으면 당연한 이치도 깨닫지 못하고 판단력이 없는 사람처럼 된다. 진정성을 망각한 채 중요한 판단을 내린다면 엄청난 후회의 결과를 낳을지도 모른다. 작은 것에 탐욕하면 진정성이 흐려지고 그 결과 큰 손해를 입고 만다.

금을 얻는 것은 소탐이요, 나라를 잃는 것이 대실이 된다. 작은 것과 큰 것을 바르게 판단하며 스스로 작은 것을 탐내지 않는지 살펴보는 것도 앞으로 나갈 방향을 점검하는 방법이 된다.

도의 얻음과 잃음

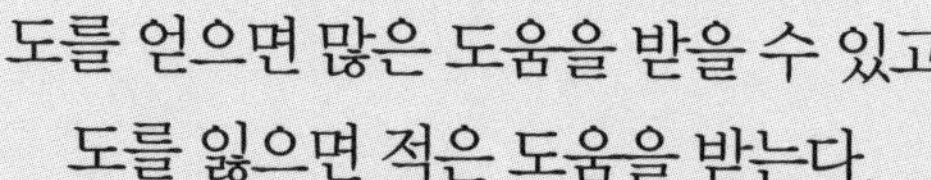

도를 얻으면 많은 도움을 받을 수 있고
도를 잃으면 적은 도움을 받는다.

득 도 자 다 조 , 실 도 자 과 조
得道者多助, 失道者寡助.

『맹자 (공손추)』

중국 역사에서 진나라와 한나라 이래로 수많은 사상가와 정치가들은 전쟁의 승패를 논할 때면 맹자의 이런 사상을 잘 활용했다.

기원전 284년, 부유하고 강한 연나라 소왕은 제나라로 악의를 보내 풍전등화의 위기를 겪게 만들었다. 연나라 악의가 제나라 즉묵을 포위하고 공격을 퍼붓자 즉묵의 수비대장이 전사했다. 그러자 제나라에서는 만장일치로 의견을 모아 군사적 재능이 있는 전단을 선발해 지휘를 맡겼다. 전단田單은 밤낮으로 부하들과 고통을 함께하여 백성들의 신뢰를 얻었다.

전단은 즉묵의 방어를 튼튼히 하고, 정탐꾼을 연나라에 보내 상황을 살피게 했다. 그래서 연나라 소왕의 죽음과 그의 아들 혜왕이 왕위를 물려받았다는 정보를 얻었다. 혜왕은 악의와 갈등을 빚을 만큼 사이가 좋지 않아서 제나라의 전단은 그 틈을 노려 이간책을 쓰기로 결정했다. 그리고 연나라에 간첩을 보내 유언비어를 퍼뜨렸다.

전단의 이간책으로 악의가 제거되었다. 그러자 전단은 제나라 군사의 사기를 진작시키기 위한 공작으로 연나라에 첩자를 잠입시켜 선동하게 했다.

"연나라 군사가 성 밖 조상의 무덤을 파헤칠까 걱정이다. 그러면 즉묵 사람들은 상심한 나머지 즉묵을 지키려 하지 않을 것이다."

연나라의 무능한 장수 기겁은 이 말에 속아 정말로 무덤을 파헤치고 유골을 불태웠다. 즉묵 사람들은 성에 올라 이를 지켜보며 이전보다 훨씬 강한 의지를 다졌다. 전단은 즉묵 사람들의 사기가 높아지자 최후의 열전을 벌일 때가 되었다고 판단했다.

전단은 결전이 벌어지기 전날 밤, 무장한 정예병을 매복시키고 노약한 병사들과 부녀자들에게는 성을 지키게 하였다. 아울러 연나라에 거짓으로 사자를 보내 투항 의사를 전달했다. 연나라 군사는 이미 3년 넘게 성을 포위하고 있었기에 지쳐 있었다. 또 전단은 즉묵의 재력가들의 금은보화를 연나라 장수들의 뇌물로 건네게 만들었다.

"즉묵은 머지않아 항복할 것입니다. 대군이 성을 함락하면 우리 집안을 잘 보살펴 주십시오."

연나라 장수들은 금은보화에 눈이 멀어 그 자리에서 바로 요구 조건을 승낙하였다. 연나라 군사들은 이제 곧 즉묵이 함락되리라 판단하고 즉묵의 포위와 감시를 소홀히 했다.

전단은 온갖 방법으로 연나라 군사를 마비시키는 한편 적극적으로 전투 준비를 진행했다. 그는 성안의 소 1천 마리를 모아 용의 무늬를 그려 넣은 붉은 비단옷을 입히고 날카로운 칼을 뿔에 매달고 기름을 먹인 갈대를 꼬리에 매달았다. 그리고 성 아래에 수십 개 구멍을 만들었다.

어둠이 내리자 전단은 소를 구멍으로 하나씩 내보냈다. 그리고 선발된 5천 명 정예병들이 소를 바짝 뒤따랐다. 잠시 후 소의 고리에 매단 갈대에 일제히 불을 붙이자 성안의 제나라 군사들이 함성을 질렀다. 놀란 소는 미친 듯이 연나라 진영으로 내달았다. 대비하지 않고 있던 연나라 군사들은 북소리가 천지를 진동하고 정체불명의 붉은 '괴물'이 달려오자 놀라서 허둥거렸다.

제나라 정예병들은 이틈에 연나라 군사를 공격했고 즉묵의 백성들과 노약한 병졸들도 함성을 지르고 북과 징을 울리며 뒤를 따랐다. 연나라 군사들은 혼비백산해 사방으로 달아났고 연나라 기겁 장수는 죽임을 당했다. 제나라 군사는 파죽지세로 추격했고 백성들은 전단의 군사에 호응해 연나라 군사를 공격했다. 제나라 군사는 마침내 연나라 군사를 국경 밖으로 몰아내고 빼앗겼던 70여 개의 성을 모두 되찾았다.

전국 시대에 벌어진 전투 가운데서도 연나라를 대파한 전단의 화우진火牛陣 전투는 유명하다. 전단은 상대의 갈등과 약점을 절묘하게 이용해 승리를 거두었다. 아울러 백성들의 단결을 끌어 모았고 적절한 전략으로 적을 물리친 것이다. 이는 길이 남는 중국의 전쟁사 중의 하나이다.

전단은 훌륭한 군사 전술가였지만, 연나라 군사는 포로를 잔학하게 대하고 상대국의 무덤을 파헤쳐 유골을 불태우는 불경스럽고 어리석은 짓을 저지름으로써 제나라 백성들의 분노를 샀고 결국 자멸했다.

전단이 제나라 군사와 백성을 이끌고 연나라 침략을 물리치고 잃어버린 땅을 되찾은 것은 맹자가 말한 "도를 얻으면 많은 도움을 받을 수 있고, 도를 잃으면 적은 도움을 받는다."는 이치를 말해 주고 있다.

지혜의 창

맹자는 인정仁政을 베푸는 사람은 도와주는 사람이 많지만, 인정을 행하지 않는 사람은 도와주는 사람이 적다고 하였다. 도움을 주려는 사람이 줄어든다는 것은 인심과 신망을 잃는 것과 마찬가지이다. 그러다 보니 피붙이마저도 등을 돌리고 만다. 반면 신망이 높고 인정을 행한 사람이 늘어난다는 것은 인품과 신망을 얻는 일이다. 그러면 피붙이와 주변은 물론 더 나가 나라의 백성들도 도와주고 복종을 한다.

맹자는 민심의 향배로 전쟁의 승부가 결정 난다고 여겼다. 그의 주장인 덕치德治 사상은 민심을 천심으로 여기는 통치자들이 백성을 위하는 길을 가도록 만든다.

교화는 미덕이다

공자가 노나라에서 사구司寇라는 벼슬을 할 때였다. 어느 날 부자를
잡아 가두고 석 달 동안이나 아무런 심문을 하지 않았다. 결국 아버지
가 소송을 취하하자 공자는 비로소 부자를 모두 석방했다. 이 소식을
들은 계손이라는 사람이 몹시 불쾌해했다.

“이 작자가 사람을 놀리는군. 내게는 반드시 효로 나라를 다스린다고 떠벌이더니 그런 자를 풀어줬다고!”

염구라는 사람이 계손의 말을 공자에게 고하자 공자는 탄식하며 말했다.

“윗자리에 있는 사람이 정치를 제대로 하지 못해 아랫사람을 죽인다면 말이 되겠는가? 백성들을 교화하지 않고 처벌하는 것은 무고한 사람을 죽이는 짓이다. 삼군三軍이 전쟁에서 패배했다고 그들을 모두 죽일 수는 없는 법이다. 목사를 제대로 처리하지 못한다면 형벌을 가해서는 안 된다. 백성들에게 죄가 있는 것이 아니기 때문이다. 법령은 느슨한데 형벌은 엄혹하다면 그것은 잔인한 짓이다. 만물의 생장에는 정해진 농사철이 있는 법인데 윗자리에 있는 사람이 세금을 가혹하게 거둔다면 그것은 잔악한 짓이다. 사람들을 교화하지 않고 성공을 요구한다면 그것은 사람들을 학대하는 짓이다.

백성들을 학대하는 이런 세 가지 행위를 멈춘 다음에야 형벌을 가할 수 있다. 그러므로 선왕께서는 치국治國의 원칙을 언급하기를, 윗자리에 있는 자가 먼저 그것을 행해야 한다고 하였다. 만약 그렇게 행하지 못한다면 현능한 사람에게 군주를 교화하게 하고, 재능이 없는 사람을 파직하여 군주를 경계시킨다. 그러면 3년 안에 백성들이 교화된다. 사악한 자들이 교화되지 않는다면 그런 자들에게는 처벌을 내린다. 그러면 그들은 자신의 잘못을 깨닫는다. 오늘날에는 교화보다는 형벌에 치중한다. 백성들은 점점 미혹에 빠져들어 죄를 범하면 그들을 거듭 벌준다. 그러므로 형벌이 가중될수록 사악한 짓은 더욱 늘어나는 법이다. 세 자 높이의 담장은 빈 수레도 올라가지 못하지만 백 길 높이의 산은 짐을 실은 수레도 올라간다. 이는 무슨 까닭인가? 산은 낮은 데서 높아지는 완만한 경사지가 있기 때문이다. 몇 자 높이의 담장은 어른도 뒤집지 못하지만 백 길 높이의 산에는 아이들도 올라가 논다. 이 역시 낮은 데서 높아지는 완만한 경사가 있기 때문이다. 세상을 정의롭게 만드는 교화보다 형벌에 치중하다 보니 백성들이 법을 어기는 것도 아무렇지 않게 여기는 것이 아니겠는가. 교화를 행한다면 사람들은 그를 따를 것이다. 길이 멀더라도 그들은 반드시 찾아올 것이다.”

공자가 도덕을 통한 교화를 중시함에 따라 당시 노나라에는 사회적 미덕이 크게 확산되었다.

지혜의 창

맹자는 사람이 사람답게 되는 중요한 점을 인의예지의 도덕관념과 군신, 부자, 부부, 붕우 등의 인간관계를 잘 끌어가는 것으로 꼽았다. 사람이 배부르고 편안하게 지내며 생리적 욕망에만 만족하고 도덕적 교화를 따르지 않는다면 그것은 금수와 다를 바가 없다고 했다.

맹자가 사람과 금수를 구별하는 데 있어서 도덕관념과 교화의 중요성을 특히 강조한 것은 이론적인 의미보다 실천적 의미를 강조하기 위해서였음이 틀림없다. 이는 오늘날 도덕교육을 강화함에 있어서 좋은 귀감이 된다.

우환 속에서 살아남기

하늘이 장차 그 사람에게 큰 임무를 내리려 할 때는
반드시 먼저 그의 마음과 뜻을 흔들어 고통스럽게 하고,
뼈마디가 꺾어지는 고난을 당하게 하며 그 몸을 굶주리게
하고 생활을 궁핍하게 만들어 하고자 하는 일마다 힘들게
한다. 그것은 타고 난 작고 못난 성품을 인내로 담금질을
하여 지금까지 할 수 없었던 일을 하고 하늘의 사명을
능히 감당할 만하도록 역량을 키워주기 위함이다.
그런 뒤에야 우환 속에서는 살아나지만 안락 속에서는
죽고 만다는 사실을 깨닫게 된다.

천 장 강 대 임 어 시 인 야 , 필 선 고 기 심 지 , 로 기 근 골 , 아 기 체 부
天將降大任於是人也, 必先苦其心志, 勞其筋骨, 餓其體膚,

공 핍 기 신 , 행 불 란 기 소 위 , 소 이 동 심 인 성 , 증 익 기 소 불 능
空乏其身, 行拂亂其所爲, 所以動心忍性, 曾益其所不能.

연 후 지 생 어 우 환 , 이 사 어 안 락 야
然後知生於憂患, 而死於安樂也.

『맹자 (고자)』

기원전 494년, 오나라 왕 부차는 월나라를 공격하여 군사를 섬멸시켰다. 그때 월나라 임금 구천은 패잔병 5천 명을 이끌고 투항하였다. 그리고 투항 조건으로 오나라의 노역에 종사하는 약조를 내걸었다. 월나라 임금인 구천은 부인과 범려를 데리고 오나라 왕 부차의 시중을 들었다. 구천은 온갖 굴욕을 견디며 노역에 종사한 뒤 부차의 신임을 얻고 마침내 월나라로 돌아올 수 있었다. 월나라로 돌아온 구천은 나라를 부흥시키겠다는 굳은 의지를 되새겼다.

일찍이 구천은 회계산에서 오나라 군사에 포위당했을 때, 모멸감을 참지 못하고 자살하려고 하였다.

"이제 더 이상 길이 없다. 막다른 길로 몰렸으니, 모든 것을 끝내겠다!"

이때 문종이 이를 만류했다.

"무슨 말씀이십니까? 은나라 탕왕, 주나라 문왕까지도 한때는 갇힌 적이 있었고 진나라의 문공, 제나라의 환공도 고통스러운 한때를 보낸 일이 있었습니다. 그런데도 끝내 왕위에 올라 패자가 되지 않았습니까? 그렇다고 하면 지금 왕께서 겪으시는 고통은 장차 성공을 위한 시련이라고 여겨집니다."

문종의 말을 듣고 부차에게서 용서를 받고 돌아온 구천은 그 뒤 스스로 고통을 겪으며 복수의 뜻을 새로이 다졌다. 언제나 곁에 말린 쓸개를 놓아두고 일어날 때나 누울 때마다 손에 꽉 쥐었고 식사 때에는 그 쓴맛을 보기 위해 혀로 핥았다.

‘회계산의 수치를 결코 잊어서는 안 된다.’며 자신을 타일렀던 월왕 구천은 스스로 밭에 나가 일했고, 부인도 베틀에 앉아 옷감을 짰다. 생활도 서민이나 다름없이 했고 고기를 먹지 않고 물들인 옷도 입지 않았다. 유능한 신하에게는 고개 숙여 가르침을 청했고 외국에서 찾아오는 손님을 극진히 대우했다. 백성들의 생활에도 신경을 썼으며 죽은 사람에게 정중한 조의를 표했다.

구천은 자신을 다스리며 백성들을 위한 효과적인 정책들을 펼쳤다. 훌륭한 인재를 널리 등용하고 농업 생산을 장려하고 출산을 장려했으며 세금을 낮추고 군사 훈련을 강화했다. 10년에 걸친 훌륭한 정책을 펼쳐 월나라는 예전의 강성함을 되찾았다.

한편 오나라 부차는 화려하고 사치스런 생활을 일삼았다. 더구나 월나라는 많은 뇌물로 오나라의 태재 백비를 매수해 부차의 면전에서 월나라를 옹호하게 만들었다. 또한 구천의 신하인 문종은 계책을 부려 범려로 하여금 여색을 좋아하는 부차에게 월나라 미인 서시와 정단을 바치게 만들었다. 부차는 서시의 미모에 이끌려 정치는 뒷전인데다 충신 오자서의 바른 의견을 거부하고 오자서를 핍박하면서 백비의 참언만을 믿었다. 결국 오자서를 죽게 만들었다.

기원전 482년, 오나라 왕 부차가 북쪽 황지黃地에서 제후들과 회합하는 틈에 구천은 정예병으로 오나라를 공격해 고소를 함락하고 태자를 죽였다.

기원전 473년, 구천은 다시 오나라를 공격했다. 당시 오나라는 잇

따른 전쟁과 잘못된 정치로 군사력은 약해질 대로 약해졌다. 월나라
는 다시 오나라 군사를 대파하고 고소산에서 부차를 포위했다.

그 때 구천은 범려의 충고에 따랐다. 오나라는 예전에 월나라를 패
배시키고도 멸망시키지 않음으로써 오늘의 화를 자초한 거라며 부차
의 강화 요구를 묵살하라는 범려의 뜻을 따른 것이다. 결국 부차는 스
스로 목숨을 끊었고 오나라는 멸망하고 말았다.

월나라 구천은 마음먹은 일을 이루려고 고생을 참고 견디어 마침내
오나라를 멸망시켰으나, 부차는 향락을 추구해 망국의 화를 불러들였
던 것이다. 이런 역사적 경험과 교훈은 후세사람들에게 와신상담의
큰 가르침을 던졌다.

지혜의 창

맹자는 역경 속에서 시련을 겪어야만 외부 환경에 대한 인
내심을 키워 큰일을 할 수 있다고 강조하였다. 고달픈 환경이 육체를
힘들게 하지만 정신적인 강인함을 성장시킬 조건이 될 수 있다. 정신적
인 곤궁함도 환경의 외적 영향에 따라 얼마든지 강인한 분발을 불러올
수 있다. 삶의 우환은 강인한 인내를 키울 조건이 되지만, 평안과 안락
속에서는 인내의 버팀목이 생겨날 수 없다.

군자의 세 가지 즐거움

남송 때 유명한 사상가이자 교육자인 주희朱熹는 32세 때 처음으로
학생들을 모아 강학講學을 했다. 그 후 50년 가까운 세월 동안 강학과
저술 활동을 하며 평생을 학자로 살았다.

1195년, 주희는 재상 조여우 추천으로 환장각대제겸 시강을 맡았
다. 주희는 도성에 들어가 황제에게 『대학』을 강론했지만 40일 만에
면직되어 바로 황제와 작별하고 도성을 떠나 복건의 고정으로 들어가
죽림정사를 세우고 교육과 저술에 전념했다.

죽림정사를 세우자 학문에 뜻을 둔 많은 인재들이 사방에서 모여들

었다. 주희는 그들과 함께 학문을 연구하고 토론하면서 고정학파考亭學派를 형성했다.

당시 죽림정사에는 엄격한 규칙이 있었다. 당장堂長을 두어 행정, 학생훈도, 학규의 집행 상황을 전담하게 하였다. 죽림정사의 교육 목표는 부자유친父子有親, 군신유의君臣有義, 부부유별夫婦有別, 장유유서長幼有序, 붕우유신朋友有信의 오교五敎에 두었고 교육의 순서는 박학博學, 심문審問, 신사愼思, 명변明辯, 독행篤行으로 주희의 교육사상을 구현한 것이었다.

죽림정사는 교육과 의정議政을 연계하는 종래 사학私學의 전통을 계승하였다. 송나라 때 사학의 사생들은 대부분 정치에 관심을 갖고 시대의 난맥과 문제점을 적극적으로 지적했다.

주희는 강의 중에 현실 정치의 문제점을 날카롭게 지적했고 종종 문인과 유생들을 모아 시정時政을 논했다.

주희와 학생들이 늘 어지러운 시정을 날카롭게 지적하고 비판하자 관청에서는 그들을 두통거리로 여겼다. 주희가 세상을 떠나자 조정에서는 그의 문하생과 죽음을 애도하는 조문객들이 시정의 문제점을 비판할까 두려워 출상出喪을 엄격히 감시하도록 지시를 내리기도 하였다.

주희는 죽림정사에서 학생들과 함께 지내며 유학의 전통을 전하고 시대의 풍운을 견뎌냈다. 8년에 걸친 교육 경험을 바탕으로 주자의 교육 철학과 교육 방법을 일궈냈으며 죽림정사 특유한 학풍을 세웠다.

주희가 "천하의 영재를 찾아 그들을 교육하는 것이 세 번째 즐거움이다.”라고 한 것도 맹자가 말한 ‘군자의 학문의 즐거움’을 구체적으로 실천한 것이었다.

지혜의 창 

　　맹자는 “군자에게는 세 가지 즐거움이 있다.”고 했다.

첫째는, 천륜天倫의 즐거움으로, 양친이 모두 생존하고 형제가 화목한 것이다.

둘째는, 수양의 즐거움으로, 위로는 하늘에 부끄럽지 않고 아래로는 타인에게 부끄럽지 않은 것이다.

셋째는, 교육의 즐거움으로, 천하의 우수한 인재를 모아 가르치는 것이다.

맹자가 내놓은 세 가지 즐거움은 모두 인의와 도덕의 정신과 직접적으로 연관된다. 천륜의 즐거움은 부모와 어른을 존경하는 인의의 즐거움이고, 수양의 즐거움은 자기 인격의 완벽함이 주는 정신적 희열이고, 교육의 즐거움은 유가의 인의儒家仁義의 도리를 후세에 길이 전할 수 있는 즐거움이다.

맹자의 ‘세 가지 즐거움’은 후세의 많은 사상가와 교육자들에게 지대한 영향을 미쳐 그것을 실천에 옮기는 일이 많았다.

임금은 가벼운 존재이다

기원전 318년, 제나라 선왕은 수시로 맹자를 맞이해 진지한 대화를 나누었다. 한번은 맹자가 선왕에게 이렇게 물었다.

"왕께서는 무엇이 제후의 보배라고 생각하십니까?"

한참 망설이던 선왕은 이렇게 대답했다.

"아름다운 진주와 옥이지요."

선왕은 맹자의 대답을 기다렸다.

"제후에게는 세 가지 보배가 있습니다. 국토, 백성, 정치지요. 진주와 옥을 보배로 삼으면 필시 재앙이 닥칠 것입니다."

선왕은 맹자의 말을 이해하고 싶지 않았다. 그러자 맹자가 그 까닭을 자세히 설명했다.

"제후의 나라에서는 백성이 중요합니다. 민심의 향배는 나라의 안위에 연관되기 때문입니다. 민심을 얻는 자는 천하를 얻을 수 있고 민심을 잃은 자는 천하를 잃게 됩니다. 백성들은 부모를 섬기고 처자식을 먹여 살릴 충분한 땅이 있어야 합니다. 그래야만 풍년에는 배불리 먹고 흉년에도 굶주림을 면할 수 있습니다. 백성들은 생활이 안정되면 정성껏 임금을 받들 것입니다. 그리하여 윗사람과 아랫사람이 일심동체가 된다면 나라는 평안해지기 마련입니다."

선왕은 맹자의 이야기에 고개를 끄덕였다. 맹자는 얼른 선왕에게 물었다.

"나라 안에서 무엇이 가장 귀중합니까?"

"물론 임금이 귀하지요."

맹자는 고개를 저으며 빙그레 웃었다. 선왕은 의아해하며 물었다.

"대답이 잘못되었소? 그럼 선생의 고견은 무엇이요?"

"백성이 가장 중요하고 토지신과 곡신이 다음으로 중요하며 임금은 상대적으로 가벼운 존재가 됩니다."

맹자는 이내 설명을 덧붙였다.

"백성에게 믿음을 사면 천자가 되고 천자에게 환심을 사면 제후가 되며 제후에게 환심을 사면 대부가 됩니다. 제후가 나라를 위태롭게 하면 제후를 바꿔 세웁니다. 정결한 제수를 차려놓고 정해진 때에 제사를 지내는데도 수해와 가뭄이 발생한다면 토지신과 곡신을 바꿔야 합니다.”

“그렇다면 임금이 어떻게 해야 민심을 얻을 수 있소?”

“백성들이 좋아하는 것을 임금이 대신 쌓아주고 백성들이 싫어하는 것을 임금이 행하지 말아야 합니다. 요컨대 농사일을 잘할 수 있게 하고 세금을 경감하여 백성들을 여유롭게 하고 재물을 아껴야 합니다. 백성들의 의식을 넉넉하게 한다면 한결 같은 마음으로 임금을 따를 것입니다.”

지혜의 창

　　　　“임금보다 백성이 중요하다.”는 맹자의 민본 사상民本思想은 당시에는 매우 진보적인 사상이었다. 민본 사상은 후대에 중요한 영향을 미쳤다.

당나라 태종은 민중의 뜻이 천하를 움직일 거대한 힘의 세력으로 인식하고 신하와 태자에게 민의民意를 어기지 말도록 경계했다. 또한 명나라 말기 청나라 초기의 학자이자 관료인 황종희는 맹자의 민권 사상을 바탕으로 전제적 군주의 횡포를 맹렬히 비판하면서 백성은 주인이 되고 임금은 손님이 된다는 주장을 내놓았다. 이런 맹자의 민본 사상은 소중한 정신의 유산이다.

우연을 만들어낼 수 있는 역발상

지혜란 모든 것을 아는 것이다. 그러나 지금
가장 중요한 것을 아는 것이 더 급하다.

지 자 무 불 지 야 , 당 무 지 위 급
知者無不知也, 當務之爲急.

『맹자 (진심)』

살다 보면 우연한 기회에 얻은 행운이 다가올 때가 있다. 우연은 의도하지 않은 가운데 노력하지도 않아도 다가오는 만남, 행운, 기회 등으로 다가온다. 우연히 그물에 고기가 낚이기도 하지만 전혀 다른 물건이 들어 올릴 때도 있고, 우연히 만난 사람이 과거의 인연 속에서 엮어져 나온 인물일 수도 있다. 사회생활을 하다 보면 이런 우연들이 알게 모르게 다가온다. 그래서 우연한 행운이나 결과는 아무 일도 하지 않은 사람보다 무언가 열심히 준비하는 사람에게 나타날 확률이 더 높다. 그래서 지혜로운 사람은 우연을 필연으로 만드는 방법을 알고 있어 낚시의 그물을 던질 때도 때와 장소를 알아 구별한다.

성공 철학자 나폴레온 힐은 "기회는 우연이다. 우연한 기회를 잡아야 성공할 수 있다."라고 말했다. 기회를 잡지 못하면 실패하고 만다.

미국 잡지 〈레이디스 홈 저널〉 편집장 에드워드 보크는 어려서부터 잡지를 창간하겠다고 의지를 키우며 그 일을 해 낼 기회를 찾는 일을 게을리 하지 않았다.

그러던 어느 날, 보크는 어떤 사람이 담뱃갑을 뜯으며 그 안에 든 종이를 버리자 얼른 그 종이를 주워 보았다. 거기에는 한 여배우 사진이 인쇄되어 있었고 사진 아래에는 간단한 프로필이 적혀 있었다. 여러 사진 중 한 장이 뜯겨 나온 것 같았다. 사진을 뒤집어 보니 뒷면은 백지였다.

순간 보크의 머리로 한 가지 아이디어가 반짝 떠올랐다. 사진 뒷면에 그 인물에 대한 간단한 일화를 소개하면 사진의 가치가 높아질 것이라고 생각한 것이다. 보크는 그 길로 담배종이를 인쇄하는 회사를 찾아가 사장에게 자신의 생각을 건의했다.

인쇄 공장 사장은 보크의 제안을 받아들였다.

"그럼 먼저 미국을 빛낸 사람 100명을 뽑아 100글자 내외로 간단한 일화를 적어주시오. 한 편당 10달러씩 주겠소. 그리고 유명인을 대통령, 군인, 배우, 작가 등 직업별로 분류해 주시오."

보크의 글쓰기 작업은 날로 수요가 급증해지자 도저히 혼자서는 감당할 수 없어서 직원을 고용했다. 그의 첫 직원은 친동생으로 글 한 편당 5달러를 주었다. 얼마 지나지 않아 다시 기자 5명을 고용했다. 이것을 시작으로 보크는 유명한 〈레이디스 홈 저널〉 편집장이 되었다.

지혜의 창

우연한 기회를 잡는 능력은 그 삶의 일생을 좌우한다. 기회는 늘 준비된 자에게 다가오고 그들에게만 먼저 잡힌다. 머뭇거리고 우물쭈물하는 사람에게는 기회는 늘 거리를 두고 비껴간다. 과학의 역사발전을 통해 위대한 발명과 발견을 이룬 사람들을 보라. 그들은 남들보다 먼저 알려고 나서서 먼저 행하려고 하고 먼저 알아보려 했다. 그래서 주어진 상황도 발전적으로 잡아내어 새로운 것을 창조하고 발전시키는 역발상의 생각과 태도를 견지했던 것이다.

제5장

창조자의 발상

성인은 항상 사람을 잘 구하나
사람을 버리는 일이 없고
항상 물건을 잘 구하나 물건을
버리는 일이 없다.

— 노자

군주가 명석하면 신하가 올곧다

당나라 태종(이세민李世民)은 중국의 역대 군주들 가운데 신하들의 간언을 잘 수용했던 인물이었고, 그의 신하 위징은 직간直諫에 가장 과감했던 인물이었다. 위징은 2백 가지가 넘는 소중한 의견을 개진하여 실천함으로써 국가와 백성을 위한 정치에 활용하였다. 태종이 위징에게 물었다.

"역사를 돌아보면 어느 군주는 현명하고 어떤 군주는 우둔한 군주도 있는데 과연 무엇이오?"

"남의 말을 두루 들어 판단해서 활용하면 현명한 임금이 되고 남의 말을 제대로 듣지 않으면 어리석은 임금이 됩니다. 천하를 다스리는 사람이 아랫사람의 의견을 잘 받아들인다면 두루 세상에 선정을 베풀게 됩니다. 현명한 군주와 어리석은 군주는 그 실체를 숨긴다 해도 숨길 수가 없습니다."

위징은 태종에게 "편안할 적에 위급함을 잊지 말고 시작과 끝을 잘 다스려야 한다."고 일러주었다.

태종이 장안에서 낙양으로 가는 길에 휴식을 취하며 음식을 먹는데 입맛에 맞지 않자 벌컥 화를 냈다. 이를 본 위징은 그 앞에서 태종에게 간언했다.

"수나라 양제는 백성들이 음식을 바치지 않는다고 나무랐고 또 바친 음식이 형편없다고 불만을 터뜨렸습니다. 그가 다스린 수나라는 결국 백성들의 반항으로 멸망했습니다. 폐하께서는 여기에서 교훈을 얻으셔야 합니다. 만족할 줄 안다면 이런 음식에도 만족하시겠지만 욕심이 넘친다면 음식이 이보다 천 배 만 배가 맛있더라도 만족하지 못하실 것입니다."

"역시 그대 말이 맞소. 그대가 아니었다면 나는 이토록 합당한 말을 듣지 못했을 것이오."

위징은 늘 수나라 양제가 나라를 파탄에 이르게 만든 이야기를 거론하며 태종의 경계심을 강화하였다.

그런데 역사에는 황당한 갈등이 있는 법, 자존심이 센 태종은 위징의 예리한 지적을 받아들이지 못했다. 태종은 아끼는 딸 장락 공주의 혼인 때 풍성하게 혼수를 장만시켰다. 황제의 누이가 출가할 때보다 두 배나 더 되는 공주의 혼수를 보고, 위징은 태종의 처사에 완강히 반대하고 나섰다. 위징은 태종과 서로 얼굴을 붉히며 논쟁을 벌였다. 태종은 일그러진 표정으로 내전으로 들어가 황후에게 이렇게 말했다.

"이 놈을 언젠가는 죽여 버리고 말겠소."

"누구 말씀인가요?"

"위징은 걸핏하면 대신들 앞에서 나를 모욕하오!"

황후는 얼른 조복朝服으로 갈아입고 태종에게 절을 올렸다.

"이게 무슨 짓이오?"

"옛말에 '군주가 명석하면 신하가 올곧다.'고 하였습니다. 위징이 그토록 강직한 것은 바로 폐하가 영명하시기 때문입니다. 그러니 어찌 경하慶賀드리지 않겠습니까?"

태종은 황후의 태도에 비로소 마음을 풀었다.

639년, 위징은 문하시중의 자리에 있으면서 태종의 열 가지 부족함을 지적한 〈십점불극종소十漸不克終疏〉라는 글을 올렸다. 태종은 이를 병풍에 붙여놓고 아침저녁으로 보면서 자신을 일깨웠다.

"허물을 듣고 고칠 수 있고 편안할 적에 위태함을 잊지 않으며 반드시 시작과 끝을 제대로 마무리할 수 있도록 하겠소. 결코 이 말을 버리지 않겠소."

위징이 세상을 떠나자 태종은 직접 조문을 하여 그의 공적을 기록했다. 자신이 집권한 이후로 나라를 안정시키고 과감하게 직언을 함으로써 올바른 행정을 펼친 데에는 위징의 충언과 간언이 있었다. 그리고 태종은 위징을 자신을 비쳐보는 거울과 같은 존재로 여겼다. 그는 조회에서 대신들에게 이렇게 말했다.

"거울에 자신을 비추면 의관이 바른지 살필 수 있고 옛일을 거울로 삼으면 역대 왕조의 흥망성쇠의 원인을 알 수 있다. 사람을 거울로 삼으면 자신의 옳고 그름을 알 수 있소. 이제 위징이 세상을 떠났으니 나는 거울 하나를 잃었소."

지혜의 창

맹자는 손발과 심장, 개나 말과 보통사람, 진흙 먼지와 원수의 비유를 통해 임금이 신하를 어떻게 대해야 하는지를 생동감 있게 나타냈다. '손발과 심장'의 비유는 임금과 신하가 서로 일심동체가 되는 관계로 본다. '개나 말과 보통사람'의 비유는 임금과 신하가 거리감이 있어서 서로 은혜도 원한도 없는 관계로 본다. '진흙 먼지와 원수'의

비유는 임금과 신하가 감정적으로 대립해 서로 원수처럼 여기는 관계
로 본다.

맹자의 이 말은 군신관계의 상대성과 인간관계를 강조한 것으로, 후세
의 정치가들이 악정을 일삼는 폭군과 전제 정치를 비판하는 데 활용되
었다.

인재는 기미를 보고 행동한다

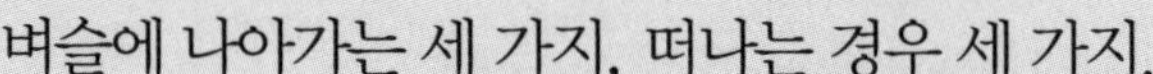

벼슬에 나아가는 세 가지, 떠나는 경우 세 가지.

소 취 삼 소 거 삼
所就三所去三

『맹자 (고자)』

초나라 군주 원왕은 신공申公을 비롯하여 목생穆生과 백생白生을 잘 예우했다. 그 가운데 목생이라는 사람은 술을 마시지 못하여 원왕은 항상 술자리에 단술을 준비하도록 지시하였다. 그 후 원왕 손자 왕무王戊가 즉위하였는데 처음에는 목생을 위하여 단술을 준비하였으나 시간이 지나면서 점점 잊어버리게 되었다. 목생이 동료들에게 말했다.

"떠나는 것이 좋겠소. 단술을 준비하지 않는 것은 왕의 마음이 태만해졌다는 뜻이오. 이제 떠나지 않으면 초나라 사람들이 나를 잡아서 시장 바닥에서 처형하게 될 것이오."

그리고는 병이 났다 하고 조정에 나가지 않았다. 신공과 백생은 그를 권유하여 어떻게든 다시 불러내려고 하였다.

"그대는 선왕이 우리에게 베푼 은덕을 생각하지 않는가, 지금 왕이 한 번 깜박하여 작은 실례를 범한 것이라면 그렇게까지 과민하게 반응할 필요가 있겠는가?"

목생이 이렇게 대답하였다.

"『주역』에 기미幾微를 아는 자는 신인神人이라 하였소. 기미는 행동의 징후이고 길흉에 앞서 나타나는 조짐이오. 군자는 기미를 보고 일 처리를 하는 것이니 조금의 지연이나 착오가 있어서는 안 되오. 선왕이 우리 세 사람을 예우한 것은 그 분이 아직 천도天道를 지키고 있었다는 뜻이요. 지금 새 왕이 예우를 소홀히 하는 것은 천도를 잃고 있다는 뜻입니다. 천도를 버린 사람과 오래도록 함께할 수 있겠소. 내가 지금 단술 갖다 놓는 작은 예우 때문에 그러는 것이겠소."

결국 목생은 조정을 떠나고 신공과 백생은 그대로 왕무王戊를 보좌하였다. 왕무王戊는 점점 난폭해져서, 심지어 간음한 죄로 천자로부터 하사받은 땅을 깎이게 되었다. 그러나 왕무王戊는 반성하지 않고 오히려 성내며 오나라 몰래 반란을 계획하였고 신공과 백생이 중지하라고 충고하였으나 듣지 않고 도리어 두 사람에게 형벌을 내려 붉은 옷을 입고 시장에서 벼를 찧도록 하였다.

맹자는 군자에 대해 이렇게 말하였다.

"지극히 존경하고 예의를 갖추어 맞이하며 건의하는 내용을 다 시행한다는 조건이면 나아가는데, 이때에는 예의로 모시는 것이 변함없더라도 건의한 내용이 시행되지 않으면 떠난다. 그 다음은 건의하는 말을 시행하지 않으나 지극히 존경하고 예의를 갖추어 맞이할 경우에 나아가니 이때에는 예의로 모시는 것이 시들어지면 떠난다. 그 아래는 아침도 먹지 못하고 저녁도 먹지 못하고 굶주려서 문밖에 나갈 수 없는 것을 임금이 듣고 '우리 선생의 도를 시행할 수도 없고 그 건의하는 말을 받아들일 수도 없지만 내 나라에서 굶어 죽는 일은 내가 부끄럽다.' 하면서 돌봐준다면 받을 수 있으나 죽는 것을 모면하는 정도일 뿐이다.”

지혜의 창

단지 먹고 살기 위한 수단으로 회사에서 일하는 직원이 필요하다면 그런 직원을 선발하여 대우해 주고 일을 시키면 그만이다. 하지만 정말 뛰어난 인재를 맞이하여 회사 발전을 위한 직원으로 키우고 싶다면 그에 맞는 최고의 예우를 해 주고 그의 참신한 아이디어를 존중해야 할 것이다. 필요한 인재는 거저 얻어지는 법이 아니다. 관리자가 구성원을 업신여길수록 그 조직은 수준이 낮은 인재들의 집합소가 되고 구성원을 예우할수록 수준 높은 인재들이 모인다.

노예를 임용해 국정에 참여시키다

탕왕은 중정中正의 도리를 견지했으며 훌륭한 인재를
등용함에 있어서는 정해진 틀에 구애받지 않았다.

탕 집 중 , 입 현 무 방
湯執中, 立賢無方.

『맹자 (이루)』

맹자의 덕치德治 사상에서 가장 중요한 내용의 하나는 현명한 사람을 찾아내 일을 맡긴다는 것이다. 그리하여 맹자는 문왕文王과 같은 성현이 훌륭한 인물을 기용한 것을 높이 찬양했다.

"문왕은 마치 백성들이 다치기라도 한 것처럼 보살폈다. 무왕은 조정의 신하들을 함부로 대하지 않았고 멀리 있는 신하들을 잊지 않았다. 주공周公은 하, 상, 주 삼대의 군주를 두루 생각하여 우왕, 탕왕, 문왕, 무왕의 사업을 실천하려 애썼다. 만약 상황에 부적절한 것이 있으면 밤낮으로 곰곰이 생각했다. 그리고 해결책이 떠오르면 즉각 실천에 옮겼다.”

이 말은 제후들이 성현을 본보기로 삼아 덕정德政을 펼치고 나아가 천하를 통일하도록 일깨우려는 뜻에서 한 말이었다. 맹자의 이런 주장은 후세의 많은 사상가와 정치가들이 계승해 사회 안정과 경제 발전에 기여했다.

상나라 탕왕의 좌상 중훼가 하나라 걸왕에게 공물貢物을 올리러 가는 길에 유신국에서 며칠을 머무는 동안 음식을 나르는 노예 이윤伊尹이 재주와 지혜가 있다는 사실을 발견하고 그를 사들여 데려오려 했다. 그런데 유신국의 임금은 이윤을 보내려고 하지 않았다. 중훼는 하는 수 없이 이윤에게 재물을 주어 스스로 노예의 신분에서 벗어나게 했다.

중훼는 귀국하자 탕왕에게 이윤을 천거했다. 탕왕은 유신국에 사람을 보내 이윤을 데려왔다. 하지만 사신이 유신국에 도착해 보니 이윤은 이미 자유로운 신분이 되어 어디론가 떠나고 없었다. 사신은 며칠 동안 이곳저곳 수소문한 끝에 겨우 들판에 있는 작은 오두막집에서 살고 있는 이윤을 찾아냈다.

이윤은 까무잡잡한 피부에 작은 키, 헝클어진 머리칼에 땟물이 흐르는 얼굴, 더부룩한 수염, 사신이 보기에 이윤은 너무도 평범할 뿐 남다른 구석이라고는 찾아볼 수 없었다. 사신은 이윤에게 명령조로 말했다.

“당신이 이윤이오? 상나라 임금께서 당신을 오라 하시오. 냉큼 짐을 꾸려 수레에 오르시오.”

“상나라에서 온 사신인가 보구려. 나 이윤은 농사를 지어서 먹고 삽니다. 요순처럼 즐겁게 살고 있지요. 그런데 무엇 때문에 상나라 임금을 찾아가겠소?”

뜻밖의 반응에 사신은 뒤통수를 얻어맞은 느낌이었다. 의기소침해진 사신은 수레를 타고 되돌아가고 말았다.

탕왕이 사신을 보내 이윤을 초빙하려 하자 유신국의 임금은 긴장했다. 그는 이윤이 상나라에 가면 자신에게 불리하다 여기고 이윤을 잡아 가두었다. 탕왕의 좌상 중훼가 찾아가자 이윤은 옥에 갇혀 있었다. 중훼는 유신국 임금을 찾아 이윤을 석방해 줄 것을 요청했으나 유신국 임금은 일언지하에 거절했다.

중훼가 돌아가 탕왕에게 유신국에서 보인 태도를 말하자 탕왕은 적잖게 실망했다. 그리하여 중훼는 탕왕에게 이렇게 말했다.

“이윤을 데려올 수 있는 유일한 방법은 유신국 임금에게 혼인을 청하는 것입니다. 그러면 이윤을 수행 노예로 삼아 유신국 공주와 함께 상나라로 오게 할 수 있습니다. 아울러 유신국의 우려도 씻어낼 수 있습니다.”

탕왕은 연신 고개를 끄덕였다. 즉시 사람을 유신국에 보내 혼인을 청했다. 유신국 임금은 흔쾌히 받아들이고 이윤을 공주에게 딸려 상나라로 보냈다.

　이윤이 도착하자 탕왕은 유신국 수행 노예인 그에게 중요한 자리를 맡기면 대신들의 반대가 완강할 것이라고 여겨 일단 대신들을 불러 모았다. 그리고 그 자리에서 이윤에게 자신의 포부와 천하의 대세를 말해 보라고 하였다. 이윤은 공손히 절을 하고 탕왕의 신하들을 훑어 보더니 이렇게 말했다.

　"저는 노예의 신분으로 정사에 참여할 수는 없는 처지입니다. 하지만 지금 임금께서 청하시니 저의 생각을 말씀드리겠습니다. 지금 하나라 걸왕은 포학무도하여 사람들은 그가 멸망하기만을 고대하고 있습니다. 그러나 이런 무도한 세상에서도 상나라 임금은 보기 드문 훌륭한 임금이십니다. 정의를 펼쳐서 갈국을 멸망시켰고 인자함으로 백성들에게 신임을 얻었습니다. 천하의 백성들을 구제하려면 탕왕을 보필해 힘을 키워 하나라를 멸망시켜야 합니다. 저는 일찍부터 이런 생각을 가져왔습니다. 이제 상나라에 오게 되어 저의 생각을 실현할 기회를 얻었습니다. 제가 노예의 신분이라는 것을 멸시하지 않고 제 뜻을 말할 수 있게 하시니 모든 힘을 다할 것입니다."

　탕왕과 신하들은 이윤이 보기 드문 인재임을 알고 그를 우상에 기용해 중훼와 함께 국정에 참여하게 했다.

　이윤은 노예의 신분에서 일약 상나라 재상이 되었다. 결국 탕왕은 이윤의 보필을 받으며 힘을 키워 위태롭던 하나라 왕조를 무너뜨리고 상나라를 세웠고 이윤은 상나라 개국공신 가운데 한 사람이 되었다.

　　신분의 차이가 있던 왕조 시대에도 이 같은 파격의 인사 조치를 단행했던 결과 탕왕의 위대한 업적은 역사에 길이 남을 수 있는 발판이 되었다.

지금도 학연, 지연 등의 연고를 가지고 인재 발탁을 해 오는 관행이 있는데, 능력과 인성을 바탕으로 하는 선발시스템을 활용해야 할 것이다. 가뜩이나 청년들이 취업의 기회조차 박탈당하고 자신의 꿈을 펼칠 공간을 마련하지 못해 애를 태우는 시점에서 탕왕 같은 인사 발탁은 투명한 선발 시스템의 본보기가 될 것이다.

끈질긴 공동 목표의식

임금이 백성을 다스릴 때 인정을 베풀어 부역을 면해 주고 세금을 줄여 주면 백성은 열심히 농사를 짓고 제때 풀을 뽑는다. 장정들에게는 시간이 날 때마다 부모에게 효도하고 윗사람을 존경하고 나라에 충성하고 신의를 지키는 인품을 기르게 한다. 집에서는 부모와 손위 어른을 받들고 밖에서는 선배와 상사를 존경하게 한다. 이렇게 하면 튼튼한 갑옷과 날카로운 창칼로 무장한 진나라와 초나라 군대를 무너뜨릴 수 있다.

왕 여 시 인 정 어 민, 성 형 별, 박 세 렴, 심 경 역 누
王如施仁政於民, 省刑罰, 薄稅斂, 深耕易耨,

장 자 이 가 일 수 기 효 제 충 신, 입 이 사 기 장 상
壯者以暇日修其孝悌忠信, 入以事其長上.

가 사 제 정 이 달 진 초 지 견 갑 티 병 의
可使制梃以撻秦楚之堅甲利兵矣.

『맹자 (양혜왕)』

옛날 한 농부가 황무지를 개간하면서 가시넝쿨 하나를 뽑아 들었는데 그 뿌리에 바구니만 한 개미집이 붙어 있는 것을 발견했다. 가시넝쿨이 뒤집어지면서 개미집이 부서지자 그 안에서 개미들이 수없이 기어 나왔다.

농부는 서둘러 뽑아낸 잡초와 가시넝쿨을 한 곳에 모아놓고 불을 당겼다. 바람이 불어오면서 불은 세차게 타올랐다. 개미들은 혼비백산하여 사방으로 흩어져 도망가려 했지만 이미 모든 길이 높은 불기둥으로 가로막혀 도망칠 수 없었다. 개미들의 보금자리는 순식간에 불길에 휩싸여 점점 오그라들었고 이제 곧 완전히 잿더미가 될 판국이었다.

바로 이때 기적과 같은 일이 일어났다. 불기둥 너머에 갑자기 작은 공모양의 물체가 나타났다. 처음에는 주먹 크기만 했는데 계속 더 많은 개미가 모여들면서 차츰 농구공만 해졌다. 사방으로 흩어졌던 개미들이 한 몸이 되어 불기둥을 향해 굴러갔다. 가장 바깥쪽에 있는 개미는 불길이 닿자마자 바로 재로 변했다. 개미공의 크기는 조금씩 조금씩 줄어들었지만 개미들은 멈추지 않았다. 그리하여 끝내 안전하게 불길을 빠져나가 계속해서 산 아래로 굴러갔다. 개미들은 이렇게 해서 전멸의 위기를 벗어났다.

개미는 작은 미물에 불과하지만 죽을 걸 알면서도 전체를 위해 용감하게 불길로 뛰어드는 희생 정신을 발휘했다. 이렇게 숭고하고 강렬한 희생 정신을 보면서 농부는 감동을 받아 아무 말도 못하였다.

자연생태계에는 생존경쟁, 자연도태, 양육강식 등의 성장법칙이 존재한다. 작고 힘없는 개미에게는 확실히 불리한 법칙이지만 개미는 그 견고한 조직을 기초로 끈질긴 생명력을 이어가고 있다. 구성원 한 명 한 명이 단체라는 이름 아래 단단히 하나로 뭉치면 강한 분발심과 진취성을 발휘하여 그 단체의 생존과 발전은 물론 영광까지 만들어 낼 수 있다.

현대 사회에서 자신의 집단을 최고로 발전시키려면 우선 조직력을 길러야 한다. 실제로 사회집단의 여러 분야에서는 인재를 채용할 때 중요한 평가 기준에 조직력을 포함시키고 있다.

한 기업인은 이렇게 말했다.

"사람의 가치를 평가할 때 독립적으로 임무를 완수하는 능력보다 타인과 공동 임무를 완수하는 능력에 더 비중을 두어야 한다."

조직력이 뛰어난 사람은 집단의 발전 전략을 효과적으로 실현시키며 집단을 지속적으로 발전시키는 밑거름이 된다.

지혜의 창

맹자는 인정仁政으로 나라를 다스려야 함을 강조하였다. 인정을 통해 먼저 생산력을 강화하여 일에 대한 백성들의 열정과 적극성을 이끌어낸다. 백성들로부터 신뢰를 얻어야만 나라 전체가 하나로 뭉칠 수 있다. 이렇게 하면 제 아무리 강한 진나라와 초나라 군대도 어찌할 수 없는 국가가 될 수 있다.

인류 역사가 오늘에 이르는 동안 인간의 사회적 속성이 지금처럼 명확하고 중요하게 인식된 적은 없었다.

조직력은 인간의 사회적 속성으로 현대 사회에서 매우 중요한 요소이며 개인과 개인이 힘을 합해 공동으로 만들어내는 정신 에너지이다.

소통을 위한 경청

좌우 측근이 모두 좋지 않다고 말해도 그 말을 듣지 말라.
많은 선비들이 모두 좋지 않다고 말해도 역시 그 말을
믿지 말라. 온 국민이 모두 좋지 않다고 말하면
그 사람을 자세히 살펴봐야 한다.

좌 우 개 왈 불 가, 물 청. 제 대 부 개 왈 불 가, 역 청
左右皆曰不可, 勿聽. 諸大夫皆曰不可, 勿聽.

국 인 개 왈 불 가, 연 후 찰 지
國人皆曰不可, 然後察之.

『맹자 (양혜왕)』

경청은 어려운 일이 아니다. 남의 이야기에 귀 기울인다는 것은 남에게 그만큼 관심을 갖는다는 것이다. 그래서 그 일은 어렵지 않다, 그런데 현실적으로 이를 위해 노력하는 지도자는 적다. 그나마도 전문가의 조언은 진지하게 받아들이지만 아랫사람의 의견에 귀 기울이는 경우는 더욱 찾아보기 힘들다. 지금의 시절이 더욱 그렇다.

경청은 상대방이 하는 말에 무조건 동의하기보다 존중해 주는 일종의 표현방식이다. 사람은 누구나 자신의 생각을 표현할 권리가 있다. 윗사람은 자신의 의사를 표명할 때 아랫사람들이 진지하게 경청하기 바란다. 마찬가지로 아랫사람들 역시 윗사람이 자신의 목소리에 귀 기울여 주길 바란다.

경청은 단순히 '듣는 것'이 아니다. 여기에는 상대방에 대한 태도가 반영되어 있다. 상대방이 내 말을 듣는다 해서 경청한다고 생각하면 큰 오산이다. 경청은 귀로 듣는 것뿐 아니라 마음을 열어야 한다.

아랫사람의 말을 경청할 때 먼저 그 사람의 진정한 의도를 파악해야 한다. 집단에 대한 건의인지 아니면 특정 인물에 대한 건의인지 개인 처우에 대한 불만인지를 알아야 한다. 사람은 성격에 따라 자기 의사를 표현하는 방법이 다르다. 내성적인 성격을 가진 사람은 민감한 사안일수록 더 자신을 감추고 아무 표현을 하지 않는다. 이런 경우를 파악하여 지도자는 평소에 여러 사람들과 자주 접촉하여 그들의 상황을 더 많이 이해해 두어야 한다.

아랫사람 의견이나 생각이 집단의 이익이나 지도자의 관점과 상반될 때도 있다. 이런 경우에는 절대 성급하게 아랫사람들과 논쟁을 벌이지 말고 침착하게 분석해 보고 다른 사람도 이와 비슷한 의견이나 생각을 가지고 있는지를 살펴보아야 한다. 그리고 아랫사람의 입장에서 생각해 본다면 그동안 미처 주의를 기울이지 못했던 문제를 발견할 수도 있다.

윗사람은 아랫사람의 의도가 무엇인지 파악하지 못한 채 성급하게 자기 생각을 표현하거나 결론을 내리면 아랫사람은 감정적으로 상처를 입는다. 경우에 따라 원망할 수도 있다.

지도자는 자신의 의견을 말할 때 신중해야 한다. 특히 민감한 사안을 언급할 때는 더욱 냉정하고 침착한 태도를 유지해야 한다. 상대방에게 절대 원망이나 불평을 해서는 안 된다. 그리고 지도자 발언은 정책이든 사업이든 그 어떤 방침이 될 수 있기에 반드시 자신의 말에 책임질 수 있어야 한다.

윗사람이 아랫사람의 말을 경청할 때 가장 좋은 자세는 메모하는 것이다. 메모는 상대방의 말을 존중하고 있음을 표현하고 중요한 문제점을 기록해 둘 수 있다. 특히 지도자는 자신이 승인한 내용은 반드시 기록으로 남겨야 한다. 그리고 자기가 승인한 내용은 곧바로 실행에 옮겨야 한다. 그렇지 못할 경우 아랫사람들에게 그 이유를 설명해야 한다.

지혜의 창

맹자는 인재를 검증할 때 반드시 다양한 의견을 수렴해야 한다고 강조하였다.

윗사람은 아랫사람의 의견을 겸허히 받아들여 활발한 의사소통이 이루어지도록 해야 한다. 원활한 의사소통의 가장 좋은 방법은 먼저 윗사람이 아랫사람의 말을 경청傾聽하는 것이다. 경청은 쌍방의 의사소통에 있어 교량 역할을 하게 된다.

맹자는 경청의 효과를 더욱 높이기 위해 임금은 절대 측근 한두 명의 말만 들을 것이 아니라 온 국민과 소통해야 한다고 말했다. 사회단체나 기업에서도 지도자는 다양한 의견을 수렴하고 아랫사람들과 더 많은 교류를 가져야 가장 효과적인 사업성과를 올릴 수 있다.

어진 사람

맹자의 인애사상은 사람들 사이의 협동과 단결을 강화하는 데 기본
요소가 된다. 인애의 마음은 사람을 불러 모으고, 인애의 실천은 사람
들을 화목하고 평화롭게 만든다. 윗사람이 인애하는 마음으로 아랫사
람을 대하면 아랫사람들 역시 같은 마음으로 윗사람을 대한다.

우리 사회에서 어떤 조직이나 기관에서도 상사가 부하직원을 인애
의 마음으로 대한다면 보다 건실한 시스템의 조직 문화가 꽃필 수가

있다. 그렇게 해야 조직 내부의 힘이 강한 응집력을 발휘한다.

지혜의 창 

　맹자는 보편적인 '인애'의 덕을 주장하였다. 또 한편으로는 그 인애를 실천함에 있어 적합한 태도를 결정하는 '의'의 덕을 주장하였다. '인은 사람의 마음이요, 의는 사람의 길'로서, '의'는 인의 실천에서 준거할 덕이며, 유교사상은 이로부터 도덕사상으로서의 준엄성을 가졌다.

덕을 벗 삼다

혜강은 중국 삼국 시대 문장가로 음악을 좋아해 거문고와 피리 불기에 능숙했다.

절개가 곧았던 혜강은 대숲에서 대나무로 집을 짓고 대나무 의자에 앉아 홀로 글을 읽고 시를 짓고 거문고를 뜯고 피리를 불었다. 그런 풍류를 아는 혜강은 벗을 사귀는 데 매우 신중했다. 학문이 낮거나 인품과 기개가 부족한 사람과는 애당초 사귀지 않았다.

하루는 누군가 대숲으로 들어오는 소리를 들었다. 마침 그는 자신을 찾아오는 손님을 더 이상 맞지 않겠다는 거절의 시를 짓고 있었다.

발자국 소리가 가까이 들려왔다. 다급해진 혜강은 시의 첫 구절만 지어놓고 붓을 던져 대숲 깊이 몸을 감췄다.

그는 찾아온 불청객이 자기가 없음을 알고 떠나면 그때서야 숲에서 나올 생각이었다. 하지만 그 손님도 돌아갈 생각조차 하지 않는데다 다른 손님까지 가세해 계속 혜강을 찾아오자 하는 수 없이 혜강은 모습을 드러냈다. 완적(당시 유명한 시인)은 대나무 숲 속에서 나오는 그를 보며 소리 내어 웃었다.

"자! 우린 벌써 문장으로 서로 벗이 되었소. 당신이 첫 구절을 지어 놓고 모습을 감춘 다음 찾아오는 방문객들에게 두 번째 구절을 연작으로 짓게 하려는 것 같아 우리가 여기다 한 구절씩 작문을 해 봤소. 어떻소? 우리와 한 번 사귀어 보겠소? 좋든 싫든 당신이 결정하시오."

시구의 첫 글자마다에 모두 대나무 '죽竹' 자가 들어 있었다. 혜강은 이런 생각이 들었다.

"지금 찾아온 사람들은 모두 대나무를 좋아하는구나. 그렇다면 사귀어 볼 만하지 않겠는가?"

혜강은 붓을 들어 한 구절을 보탰다.

"대숲에 절개 높은 일곱 현자가 모였구나!

황황유절취칠현篁篁有節聚七賢"

이들 일곱 사람은 서로 좋은 벗이 되었다.

이들을 '죽림칠현竹林七賢(산도, 완적, 혜강, 상수, 유영, 완함, 왕융)'이라고 부른다. 죽림칠현은 늘 대숲에서 함께 어울려 많은 이야기를 나누며 깊은 우정을 다졌다고 한다.

지혜의 창

맹자는 우리가 어떻게 벗을 사귈 것인가에 대한 물음을 던지고 있다. 친구 관계에서 선善을 귀하게 여기고 믿음信을 앞세우며 상대의 고상한 덕망을 본받아야 함을 강조했다. 그런 친구 관계를 유지하며 부지런히 자신을 수양해야 한다는 것이다.

맹자는 고매한 인격과 높은 덕망을 가진 자를 벗으로 삼아야지 상대에게 기대려는 마음과 상대의 조건을 따지려는 마음으로 벗을 삼아서는 안 된다는 것을 강조했다.

지위가 높은 사람은 자신의 부귀 권세를 과시하거나 누리려고 해서는 안 되며, 지위가 낮은 사람은 상대의 지위와 권세가 자기보다 높다고 피하거나 기대려고 해서는 안 된다. 벗 사이에는 신분의 고하가 없으며 인격적으로 평등한 마음을 주고받아야 한다는 것이다.

인덕의 정치 원칙

인덕을 근본으로 하는 정도인 왕도,
인의를 무시하고 무력이나 권모로 다스리는 패도.

왕 도 패 도
王道覇道

『맹자 (이루)』

권세와 힘을 이용하여 상대를 위협과 압박으로 억누를 수는 없다. 사람의 마음을 얻는 것은 바로 상대에게 인덕을 근본으로 하여 대할 때만 가능하다. 인덕을 근본으로 하여 기업이나 국가의 운영에 큰 원칙을 세울 때는 인간에 대한 이해가 그 바탕을 이루는 것이다.

당나라 때 옹주군의 호적을 관리하고 민사소송을 처리하는 사호참군(관직) 이원굉이 있었다. 그는 정직한 성품을 지녔고, 그가 내린 판결은 매우 공정하였다. 그가 관직에 머물러 민사소송을 관리할 때, 돌절구를 빼앗긴 스님이 소송을 제기한 적이 있었다.

피고는 세상 사람들이 다 아는 태평공주였다. 조정의 세력을 등에 업은 공주는 남의 땅을 차지하고 재산을 빼앗는 등 법을 무시하는 일을 수없이 행했다. 그러나 누구도 그녀에게 대항하지 못했다. 공주가 빼앗은 돌절구를 돌려줄 마음이 없다고 잡아떼자 스님은 관가에 고발하였다. 이원굉은 사실을 자세히 조사한 뒤 태평공주에게 돌절구를 절로 돌려주라는 판결을 내렸다.

정당한 판결을 내렸으나 이원굉 상사인 옹주장사 두회정이 이 사건에 개입한 뒤 상황을 복잡하게 만들었다. 그는 이원굉을 찾아가서 이렇게 말했다.

"그대는 돌절구를 빼앗아간 사람이 태평공주라는 걸 몰랐는가? 그녀를 화나게 하면 우리가 다친다. 빨리 그 판결문을 고치도록 하라."

그러자 이원굉은 판결문 뒤에다 이렇게 썼다.

"종남산은 옮길 수 있어도 이 판결문은 절대 고칠 수 없다."

이원굉이 법의 원칙을 지킨 것처럼 맹자도 정치 철학의 원칙을 가지고 있었다. 맹자는 전국 시대 부국강병을 추구하던 여러 왕들이 무력으로 천하를 휘어잡으려는 패도정치覇道政治를 비판하고 덕 있는 지도자들이 백성들을 위한 정치를 펼쳐야 한다고 주장하였다. 이것이 그의 왕도정치王道政治 사상이다.

순우곤이라는 사람이 맹자에게 이렇게 물었다.

"남녀가 직접 물건을 주고받지 않는 것이 예법입니까?"

"예법입니다."

"형수가 물에 빠졌을 때 직접 손을 내밀어 건집니까?"

"형수가 물에 빠졌는데 구하지 않는 사람은 짐승이나 다름없습니다. 남녀가 직접 물건을 주고받지 않은 것은 예법이고, 형수가 물에 빠졌을 때 직접 건지는 것은 임시 방편(권도)입니다."

"지금은 온 세상이 혼란에 빠졌습니다. 선생님께서 손을 내밀지 않은 것은 무슨 까닭이십니까?"

"세상이 혼란에 빠진 것을 도道로 구하고, 형수가 물에 빠진 것은 손으로 구합니다. 그대는 손으로 천하를 끌어 올릴 수 있나요?"

지혜의 창

　　나라를 다스리는 큰 사업에는 덕을 바탕으로 한 지도자의 원칙이 우선시된다. 그렇다고 무조건 원칙만 지키는 고집불통의 통치는 백성들을 사랑하고 다스리는 데 해악의 요소만 될 뿐이다. 아울러 기업이나 회사를 경영하는 리더들도 그런 저급한 통치의 자세로는 큰 사업을 펼칠 수 없다.

백성들을 자식처럼 사랑하는 것은 물론 백성을 왕보다 귀한 존재로 여기는 인의도덕仁義道德 정치의 원칙을 지켜가는 것이 통치자 자세이다.

그런 통치자의 자세를 지닌 자가 백성을 사랑하고 돌보는 왕도 정치를 이상으로 여긴 맹자는 육체의 생존만을 추구하지 않고 덕을 지닌 자존심을 지키는 존재로서 인간을 바라보는 시선을 열어놓았다.

"수만 명을 지휘하는 군대 총사령관은 잡아올 수 있지만 한 사나이의 마음은 빼앗을 수 없다."고 한 공자의 말도 인간의 존귀함을 바로 자존심과 의지에서 찾아낸 것이라고 본다.

도덕을 훔친 도둑

그의 잘못을 지적하려 해도 예로 들 것이 없고 그를
질책하려 해도 질책할 것이 없다. 그는 나쁜 자들과
한 패거리로 어울리지만 겉보기에는 사람됨이 충실해
보이고 행동이 바르고 깨끗해 보인다. 모두가 그를
좋아하고 스스로도 훌륭하다고 생각한다. 하지만 사실
그의 행동 하나하나가 모두 요순의 도리에 맞지
않으니 그는 도덕을 훔친 도둑이다.

비 지 무 거 야 , 자 지 무 자 야   동 호 류 속   합 호 오 세
非之無擧也, 刺之無刺也, 同乎流俗, 合乎汚世,

거 지 사 충 신 행 지 사 렴 결, 중 개 열 지, 자 이 위 시, 이 불 가
居之似忠信行之似廉潔, 衆皆悅之, 自以爲是, 而不可

여 입 요 순 지 도, 고 왈 : 덕 지 적 야
與入堯舜之道, 故曰: 德之賊也.

『맹자 (진심)』

맹자는 눈앞의 이익과 성공에 눈 먼 당시 풍조에 비판적 태도를 취

하였다. 그는 윗사람에게 잘 보이려는 태도를 취하는 환관처럼 누구에게나 환영받는 좋은 선생은 도덕을 훔친 도둑이라고 말했다. 그리고 사람은 반드시 철저하고 합리적인 원칙을 고수하여 비도덕적인 무리들과 타협하거나 영합하지 말아야 한다고 강조하였다.

흔히 사람들은 어떠한 분란이나 책임 때문에 남들의 감정을 건드릴 만 한 행동을 취하지 않으려고 애써 노력한다. 굳이 타인의 잘잘못을 건드려 그의 감정을 사고 싶지 않기 때문이다. 때론 남들의 호감을 사려 하고 자신의 위신을 세우려고 그저 사람 좋은 사람으로, 남들에게 호감 가는 사람으로 보이려고 짐짓 본심과 다른 행동을 취한다.

회사에서 상사가 아랫사람들에게 어느 정도 관용을 베푸는 것은 당연한 도리지만 원칙 없이 잘못된 행위까지 묵인한다면 상사로서 적격한 자격이 없다고도 본다.

모든 일에는 일정한 범위와 한계가 있다. 만약 한 아랫사람이 어쩌다 한 번 실수를 했다면 문제 삼지 않고 다시 한 번 기회를 더 줄 수 있다. 하지만 계속 실수를 반복한다면 언젠가 문제를 만들거나 큰 사고를 터뜨릴 수도 있으므로 묵과해서는 안 된다. 필요하다면 정면 돌파해서 처리할 때도 있다.

일을 처리하다 보면 상사와 부하가 행동의 옳고 그른 기준을 찾기란 쉽지 않다. 수용할 수 있는 것과 받아들일 수 없는 것의 명확한 기준이 없기 때문이다. 사람마다 기준과 이해 정도가 다를 수밖에 없으니 기준을 정할 때 결정자의 합리적이고 주관적인 판단이 가장 중요한 것이다. 결정자의 주관적인 판단은 항상 올바르고 명확한 기준을 갖추어야 함은 당연하다. 그래서 부하직원에게 무조건의 관용을 보이려고 하고, 좋은 사람으로 보이려는 허망에 사로잡혀 제대로 다스리지 못할 경우가 생기면 안 된다. 그런 상사라면 아랫사람을 정도로 이끌지 못한 책임을 져야 한다. 맹자의 말처럼 그런 상사라면 아랫사람이 응당 갖추어야 할 도덕을 훔쳐낸 장본인인 것이다.

결정권을 가진 집행자가 어떤 것을 받아들이고 어떤 것은 묵인할 수 없는지 명확히 판별해야 한다. 만약 결정권자 앞에서 최선을 다하지 않는 사람이라면 결정권자를 존중하지 않고 그 결정에 따를 가능성도 없다고 보기에 이런 사람을 그냥 내버려두면 안 된다.

아랫사람들도 상사에게 도를 넘어선 행동을 취해서는 안 된다. 윗사람도 아랫사람들의 다음과 같은 행위를 발견하면 즉시 바로잡을 수 있어야 한다. 이를테면 부적절한 언행, 동료를 존중하지 않거나 헐뜯는 행위, 보이지 않는 곳에서 유언비어를 퍼뜨리는 행위, 만사에 불평불만을 늘어놓는 태도, 업무 중에 사적인 일을 처리하는 경우, 약속을 이행하지 않는 경우, 거짓말을 하는 경우 등이다. 이런 상황이 보이면 상사는 아랫사람들의 잘못을 바로잡아야 하고 아랫사람들도 본분에 맞는 행동을 보이는 노력을 기울여야 한다. 그리고 더 큰 문제가 발생하기 전에 실제적인 조치를 취해야 한다.

어떤 집단이든 모든 성원들이 완벽하게 맡은 바 임무를 완수해 낼 수는 없다. 똑같은 일이라도 누군가는 최선을 다해 임무를 완수하지만 누군가는 최선을 다해도 실패하고 누군가는 대충대충 시간만 때운다. 때로 누군가는 전혀 가능성도 없어 보인다.

치열한 경쟁사회에서 자상하고 착한 행동은 별로 존재가치를 인정받지 못한다. 업무수행 능력이 현저히 떨어지고 불성실한 태도를 보이는 사람에게 매번 자상한 관용을 베풀 수 없다. 만약 도저히 변화가능성이 없는 사람이라면 돌이킬 수 없는 사고를 저지르기 전에 과감히 해고할 수도 있어야 한다. 그런 결정도 필요할 때는 조직이나 개인을 위해서 바람직할 수 있다.

결정권자로서 문제에 대해 판단을 내리고 이를 시행하는 과정은 매우 중요하므로 반드시 신중하고 공정해야 한다.

머리로 일하는 사람

머리로 일하는 사람은 남을 다스리고
몸으로 일하는 사람은 다스림을 받는다.
다스림을 받는 자는 남을 먹여 살리고
다스리는 자는 다른 사람에 의지해 먹고 산다.

노심자치인, 노력자치어인. 치어인자식인, 치인자식어인
勞心者治人, 勞力者治於人. 治於人者食人, 治人者食於人.

『맹자 (등문공)』

맹자는 사람을 크게 통치자와 피통치자로 나누었고, 사람마다 자기의 직분과 책임이 있다고 강조하였다.

현대는 하루가 다른 발전을 거듭하는데, 이런 현실에서 제아무리 뛰어난 지도자라도 모든 일을 도맡아 처리한다는 것은 불가능하다. 가장 좋은 방법은 전체적인 것을 책임지는 것이다. 사소하고 작은 일에 일일이 관여할 것보다 심사숙고해서 내린 결정들을 실천 가능하도록 조직적으로 통괄하면 된다. 구체적인 시행 방법은 각자 스스로 생각해서 결정하도록 믿고 맡기는 것이다. 그 대신 각자가 직분에 맞는 책임을 지고 최선을 다할 수 있게 감독하고 장려하는 것이다.

어느 날, 공자의 제자 자천이 지방 관리에 임명되었다. 그러나 그는 매일 거문고를 타며 즐길 뿐 공문 처리에는 전혀 신경을 쓰지 않았다. 그런데도 그가 관할하는 지역은 늘 평화롭고 질서정연했으며 백성들은 전혀 불만이 없었다.

얼마 뒤, 자천의 후임으로 온 관리는 아무리 해도 이해할 수가 없었다. 자신은 매일 아침 일찍 일어나 밤늦게까지 정신없이 바쁜 하루를 보내는데도 크고 작은 문제가 끊이지 않고 일어나는 것이었다. 결국 그는 자천을 찾아가 가르침을 구했다.

"공은 어떻게 하기에 관할 지역이 이렇게 평화롭습니까?"

자천은 빙긋이 웃으며 말했다.

"당신은 오직 자신의 재주로만 모든 일을 해결하려 하기 때문에 그렇게 고생스러운 것입니다. 하지만 나는 다른 사람의 힘을 빌려 일을 처리하고 있습니다."

지금도 적지 않은 지도자들 중에는 모든 일을 끌어안고 자기 마음대로 하려 한다. 자신이 직접 처리하려 하고 이래라 저래라 간섭한다. 작은 일도 마음 놓고 아랫사람에게 맡기지 못하기 때문에 하루종일

정신없이 바쁜 것은 당연하고, 아무리 열심히 일해도 크고 작은 문제가 끊이지 않는다.

지혜로운 지도자라면 자천을 본받아야 한다. 아랫사람의 능력을 적절히 이용하면 성사도 잘 되고 또한 자신의 수고도 덜 수 있다. 지도자는 반드시 "내가 쥐고 있는 것이 적을수록 얻는 것이 많아진다."는 이치를 깨달아야 한다.

지혜의 창

적지 않은 지도자들이 아랫사람에게 권한을 나누어 주는 것을 불안해한다. 그 이유는 "나만큼 잘할 수 있는 사람은 없다."는 오만한 생각 때문이다. 이런 사람은 혼자 제대로 무언가를 해 낼 수 없음을 알고 개인 능력의 한계를 인정하지만 더 많은 시간과 열정을 투자하려 애쓴다. 이런 사람들은 다른 사람의 힘을 빌려 효율적으로 일을 분산하여 쉽게 일하는 방법을 생각하지 못한다. 오로지 모든 권력과 일을 제 손 안에 쥐고 자기 뜻대로 움직이려 한다.

이런 지도자들의 오만함과 비합리성으로 국가나 조직이 어려움에 봉착할 수 있다. 용인술에 능한 것도 지도자의 덕목 중의 하나이다. 내가 다 알아서 한다는 자가당착적인 낡은 사고방식을 버리고 기꺼이 아래로 권한을 넘길 줄 알아야 한다. "머리로 일하는 사람은 다른 사람에게 의지해 먹고 산다."는 생리를 아는 지도자의 합리성과 유연성이 요구된다. 그런 구조 속에서 두루두루 잘 먹고 잘 살 수 있는 것이다.